Irene Märkle-Hanel

Kraftorte am Bodensee

Irene Märkle-Hanel

Kraftorte AM BODENSEE

Zwischen Lindau und Stockach

Oertel+Spörer

Bildnachweis:
Umschlagfoto: Irene Märkle-Hanel
Alle Innenteilfotos: Irene Märkle-Hanel, bis auf Seite 70: Stefan-Xp
Übersichtskarte: © Kartografie Anneli Nau, München

Bibliografische Information der Deutschen Nationalbibliothek
Die Deutsche Nationalbibliothek verzeichnet diese Publikation in der Deutschen Nationalbibliografie; detaillierte bibliografische Daten sind im Internet über http://dnb.d-nb.de abrufbar.

Besuchen Sie uns im Internet: **www.oertel-spoerer.de**

Postfach 16 42 · 72706 Reutlingen

Umschlagidee: Bettina Mehmedbegovic
Gestaltung und Satz: Uhl+Massopust, Aalen
Druck und Bindung: AZ Druck und Datentechnik GmbH, Kempten/Allgäu
Printed in Germany
ISBN: 978-3-88627-453-6

Inhalt

Dianatempel
Historischer Friedhof
Burg Ramsberg
St. Agatha
Ruine Nellenburg
Freundschaftshöhle
Maria im Stein
Betenbrunn
Bildeiche
Siechenkapelle
Leutkircher Kirchhof
Birnau
St. Martin
Alte Eiche
Breitenbacher Kapelle
Fürstenhäusle
Hochberg
Brünnensweiler Höhe
Maria zum Berge Karmel
Feldsteinkirche
Kloster Hofen
Wilhelmshöhe
Antoniuskapelle
Auferstehungskirche
Antoniusbergle
Horst-Wolfram-Geißler-Platz
Lindenhofpark
Sternschanze
Salem 17 Klosterweiher
19 Margarethenberg
N
10 km
DEUTSCHLAND
SCHWEIZ
ÖSTERREICH
Baden-Württemberg
Bayern
Oberschwaben
Bodensee
Überlinger See
Zeller See
Untersee
Tuttlingen
Meßkirch
Pfullendorf
Stockach
Singen
Überlingen
KONSTANZ
Kreuzlingen
Markdorf
RAVENSBURG
Weingarten
Bad Saulgau
Bad Waldsee
Bad Wurzach
Leutkirch im Allgäu
Isny im Allgäu
Wangen im Allgäu
FRIEDRICHSHAFEN
Tettnang
Meckenbeuren
LINDAU
BREGENZ
Hard
Arbon
Romanshorn
Rorschach
Salem
Meersburg
Immenstaad am Bodensee

Vorwort

Von der Magie des Kraftortes

Unser modernes Leben wird zunehmend lauter und von einem rastlosen Zeitmaß bestimmt, das selten dem eigenen Lebensrhythmus entspricht. Dabei weiß jeder Mensch, dass die kostbarsten Momente des Lebens sich meist dann einstellen, wenn es einmal gelingt, in Ruhe zu sich selber zu finden und mit Muße in der Gegenwart zu verweilen. Wir haben es verlernt, die Stille als eine Kraftquelle im Alltag zu suchen. Wir haben vergessen, wie sich „Ergriffensein" im Angesicht eines heiligen Ortes anfühlt. Wir haben das Gespür für die Auserwähltheit und die Strahlkraft des magischen Ortes verloren. Wir können die Ruhe und Schönheit der uralten Kraftplätze nicht mehr für unsere Körper- und Seelen-Regeneration nutzen, weil wir den Weg zu diesen besonderen Orten nicht mehr finden.

Dieses Buch will als Wegweiser dazu beitragen, Kraftorte aufzuspüren und deren Zauberkraft für Körper, Geist und Seele zu entdecken.

Es werden uralte Heiligtümer und geheimnisvolle Plätze von eindrücklicher Schönheit entlang des nördlichen Bodenseeufers aufge-

▾ *Die Basilika Birnau: ein Barockjuwel hoch über dem Bodensee*

sucht. Es werden Wanderungen beschrieben, an deren Endpunkt sich dem Besucher jeweils ein landschaftliches und/oder kulturelles Kleinod präsentiert. Wie vor neugierigen Blicken geschützt, liegen diese Refugien abseits der viel befahrenen Straßen und auch abseits der massentauglichen Örtlichkeiten. Wandernd sollte man sich den magischen Orten nähern, gleichsam wallfahrend und pilgernd sie entdecken. Innere Stille und Seelenheiterkeit stellen sich dann wie von selbst ein. Manchmal vielleicht schon auf dem Weg dorthin.

Der Kraftort im Jahreslauf

Die beschriebenen Kraftorte sind zu jeder Jahreszeit ein Erlebnis. Und doch entfalten manche zu bestimmten Jahreszeiten geradezu ein Übermaß an Schönheit, sie verbreiten dann ganz außerordentlich viel Strahlkraft, der sich niemand entziehen kann. So ist das im Frühjahr bei „Maria im Stein", wenn der Aachtobel im Glanz von Abermillionen Märzenbechern erstrahlt. Im Sommer sind besonders die Wege einladend, die durch einen schattigen Wald führen, oder wo eine Bank unter uralten Bäumen zur Rast einlädt, wie das zum Beispiel an der „Siechenkapelle" in Deisendorf der Fall ist oder an den Salemer Weihern

▼ *Der Blick vom Vorplatz der Birnau reicht bis zu den Alpengipfeln*

entlang, wo es immer wieder solche Rastmöglichkeiten gibt. Wieder andere Orte erglühen im Herbst in einem atemberaubenden Glanz, wenn der Föhn die Sicht bis weit in die Alpen hinein ermöglicht, wie am Seeufer in Friedrichshafen oder im „Lindenhofpark" in Lindau. Und schließlich sind gerade die Orte im Winter besonders einladend, die im Sommer von Sommergästen überflutet wurden. Wenn ab November von den lauten Touristenströmen nichts mehr übrig geblieben ist, kehrt wieder Ruhe ein in den seenahen Ortschaften. Die Kraftorte ruhen wieder still in sich, so der Platz um das „Fürstenhäusle" in Meersburg oder der um die Birnau bei Uhldingen.

▲ *Breitenbach im Frühlingsglanz*

Der Kraftort als Garant für erholsame Momente im Hier und Jetzt

Besonders in Lebensphasen, in denen wir in großer Anspannung leben, in denen wir unruhig, hektisch, unausgeglichen oder erschöpft sind, wirken die beschriebenen Kraftorte wohltuend und ausgleichend. Das liegt wahrscheinlich daran, dass einerseits schon die Bewegung hin zu einem solchen Ort sich energetisierend auf den Kreislauf und die Psyche auswirkt und am Ziel dann noch zusätzlich der besondere Ort seine Wirkkraft entfaltet. Vorab gewarnt seien aber alle, die etwas ganz Ausgefallenes und Großartiges erwarten. So ist zum Beispiel die von den Einheimischen stolz als „Frenkenbacher Münster" bezeichnete Kirche in ihren Ausmaßen eher bescheiden, verglichen mit dem Straßburger Münster. So verhält es sich auch mit dem „Park von Bad Schachen". Auch hier darf man nicht den Fehler begehen, sich diesen Kraftort in den Ausmaßen der zahlreichen anderen, riesigen und berühmten Parkanlagen im In- und Ausland vorzustellen. Jeder einzelne der im Folgenden beschriebenen Orte kann nur für solche Besucher und Besucherinnen zum Kraftort werden, die hier und jetzt und entlang des Bodensees nach einem besonderen Refugium im Sinne eines Rückzugsortes, eines Ruheortes suchen.

Der Kraftort als Kraftquelle im Alltag

Hinter jedem Kraftort steht eine unausgesprochene Einladung zum Innehalten und Zur-Ruhe-Kommen; zum Nachdenken, zum Staunen, zum Dankbarsein und zum Kraft schöpfen für den Alltag. Die im Folgenden beschriebenen Kraftorte können allesamt den Besucherinnen und Besuchern so etwas Abstraktes wie Zeit und Geschichte erlebbar und begreifbar machen. Es sind Orte, die in Teilen ihrer Geschichte und oft auch mit ihren uralten Sagen und Legenden weit in die Vergangenheit zurückverweisen. So erfahren wir jedes Mal aufs Neue, dass an diesen Orten schon viele Generationen vor uns waren und nach uns sicherlich noch viele kommen werden. Das mag auch der Grund dafür sein, weshalb es an Kraftorten leichter als anderswo gelingen kann, den eigenen Standort zu überdenken und zu sich selber zu kommen. Die Schönheit und Ruhe eines Kraftortes zu erleben, kann eine heil-

▼ *Gewitterstimmung über der Hegau-Vulkanlandschaft*

▲ *Ein Ort der Stille und der Melancholie*

same und zutiefst beglückende Erfahrung sein. Das Erstaunlichste: Sie kostet nichts und ist dennoch eine unbezahlbare Kostbarkeit!

Alle Kraftorte, die im Folgenden beschrieben werden, liegen entweder in unmittelbarer Seenähe oder im nahen Hinterland des Bodensees. Die Bodenseelandschaft hält eine Vielzahl solcher Orte bereit. Man sollte sich die Zeit nehmen, sie aufzusuchen, ihren Zauber zu erleben und mit allen Sinnen zu genießen. In der Ruhe und Abgeschiedenheit der Orte kann man eintauchen in eine friedliche Oase außerhalb der Hektik des Alltags. Man kann sich konzentriert einlassen auf die ganz speziellen, vieltönigen Geräusche des Wassers und der Natur, die wundervollen Düfte und die wohltuenden Farben rundum genießen. Im Hinsehen und Staunen, im Lauschen und Spüren kann man sich bestens erholen. Auch das Schmecken sollte nicht zu kurz kommen. Eine Vielzahl von essbaren Beeren und Pilzen hält die Bodenseeregion genauso bereit wie die vielfältigsten Obstsorten. Und erst die Trauben! Im Herbst stehen sie als Naschobst in großer Fülle zur Verfügung und ganzjährig als köstlicher Rotwein, Weißwein oder Weißherbst. Alle Leserinnen und Leser dieses Buches sind eingeladen, die beschriebenen Kraftorte aufzusuchen, Körper, Geist und Seele vor Ort zu verwöhnen und mit neuer Kraft zu versorgen.

Der einstige Schiffsanleger beim Schloss in Friedrichshafen ▸

Friedrichshafen: Kloster Hofen

Wo sich die frommen Frauen trafen

Friedrichshafen wird – selbst von den Einheimischen – nicht gerade als eine der schönsten Städte am Bodensee geschätzt. Freilich, die Konkurrenz der gut erhaltenen mittelalterlichen Städte-Ensembles entlang des Sees ist zahlreich. Friedrichshafen hingegen wurde im 2. Weltkrieg massiv zerstört und danach eiligst wieder aufgebaut. Nur wenig alte Substanz ist erhalten geblieben. Und dennoch gibt es in dieser Stadt einen Ort, der – wie in einem Dornröschenschlaf geschützt – alle Unbilden des letzten Jahrhunderts scheinbar unbeschadet überstanden hat. Es ist diese dreieckige Landspitze, die sich vor der Südseite des Schlosses in den See schiebt – ein Platz, der bis in unsere Tage hinein nichts von seinem verträumten Zauber verloren hat. Mit jedem Schritt, den man sich vom Stadtzentrum in Richtung Schloss bewegt, gelangt man in eine Art Zauberland. Der Weg führt entlang der belebten Ufer-

▼ *Der Schiffsanleger: ein romantisches Überbleibsel aus vergangenen Tagen*

▲ *Weg zum Kraftort vor dem Schloss*

promenade und vorbei am Kulturzentrum der Stadt, dem „Graf-Zeppelin-Haus". Spätestens dort kehren die meisten Spaziergänger wieder um, weil der Weg jetzt in einem Bogen vom See weg führt und auf die Olgastraße einmündet. Von hier sind es aber nur circa hundert Meter bis zum schönen altmodischen Schiffsanleger vor dem Schloss. Er, der einst für hochherrschaftliche Gäste gebaut worden war, erscheint heute wie eine Art Pforte zum gesuchten Kraftort. Der Weg zum Kraftort führt entlang der hohen Schlossmauer und mündet auf dem Platz, der sich halbinselartig in den See schiebt. Sitzbänke laden zum Platznehmen ein. Kastanienbäume spenden Schatten. Die Ruhe hier ist überraschend, die Aussicht überwältigend. Nur wenige Menschen finden den Weg hierher. Aber diejenigen, die sich hier aufhalten, scheinen alle dieses besondere Fleckchen Erde still zu genießen. Nur Geräusche aus der Natur sind zu hören: das Kreischen der Möwen und das gleichmäßige Heranrollen der Wellen, sonst nichts. Auch der Geruchssinn wird bedient: Jede Welle scheint den ganz speziellen Geruch des Wassers von weit draußen mitzubringen und mit der Gischt hier zu versprühen. Der Platz ist auch eine Freude für die Augen: Im Osten

Hagnau: Wilhelmshöhe

Vom Wimmeln und Wetterläuten

Der Weinanbau hat im Bodenseegebiet eine lange Tradition. Wahrscheinlich kannten schon die Kelten den edlen Saft. Von den Römern weiß man jedenfalls, dass sie neue Rebsorten an den See mitbrachten und hier heimisch machten. Das hier gebräuchliche Wort „Wimmeln" für die Weinlese ist noch ein Relikt aus der Römerzeit, das es in dieser Form nur am Bodensee gibt. Es leitet sich vom lateinischen *vindemiare* für *ernten* ab. Im Mittelalter brachten dann die Adligen und die Mönche, die Verbindungen nach Frankreich und Italien unterhielten, aus diesen Ländern neue Traubensorten mit und erweiterten so die Sortenvielfalt am See.

Der Boden eignete sich am Bodensee schon immer gut für den Weinanbau. Die zum Teil recht steilen Hanglagen sind ideal für die optimale Nutzung der Sonneneinstrahlung. Zusätzlich wirkt sich die Rückstrahlung der Wasserfläche des Sees im ufernahen Bereich positiv auf das Rebenwachstum und den Reifegrad der Weintrauben aus. Der See wirkt als riesiger Wärmespeicher. Es gibt hier weniger Frosttage und damit ein insgesamt milderes Klima, als dies in den seeferneren Regionen der Fall ist. Die großen Städte Überlingen und Konstanz hatten im Mittelalter umfangreichen Rebbesitz in vielen Orten am See, ebenso einige oberschwäbische Klöster, auf deren Boden Weinanbau aus klimatischen Gründen nicht möglich war.

Die Arbeit der Rebleute in den steilen Weinbergen war immer schon hart. Das Ergebnis ihrer Arbeit, die Qualität der Weinernte, war Jahr für Jahr von der Witterung abhängig. Schlechtes Wetter, zu viel oder zu wenig Regen, zu heiße oder zu kalte Perioden, Sturm und Hagel waren ebenso gefürchtet wie eine Vielzahl von Schädlingen, die ganze Ernten vernichten konnten. Da waren das Gebet und der Glaube für die Menschen hilfreiche Stützen. Es entwickelte sich ein

◂ *Blick von der Wilhelmshöhe über Hagnau*

intensives religiöses Brauchtum, das zum Teil noch bis ins letzte Jahrhundert gepflegt wurde. Weil schwere Stürme und Hagelschlag ganz besonders gefürchtet waren, wurden bei den ersten Anzeichen eines drohenden Unwetters die Kirchenglocken geläutet in der Hoffnung, diese Geräuschkulisse möge das Unwetter vertreiben. Als aber einmal während eines solchen „Wetterläutens" der Blitz in den Hagnauer Kirchturm einschlug und es dabei Tote und Verletzte gab, wurde das Glockenläuten eingestellt, später sogar offiziell verboten. Der Wettersegen des Pfarrers und Bittgänge sollten jetzt helfen und eine zusätzliche besondere Messe, die an jedem Freitag von Mai bis September gelesen wurde. In den besonders gewitterträchtigen Monaten Juni und Juli wurde eine ganz spezielle Zeremonie, die sogenannte Hagelfure (Hagelfeier), veranstaltet. Die Hagelfure war eine Prozession, die man zur Abwendung von Hagelschlag durchführte. Auch dieser Brauch wurde bereits 1841 auf Anordnung des Erzbischofs abgeschafft und durch Bittgebete während des Gottesdienstes ersetzt. Es wird aber erzählt, dass die Hagnauer trotz des erzbischöflichen Verbotes schnell wieder zur althergebrachten Hagelfure zurückkehrten, nachdem es zum 1. Juli des folgenden Jahres schreckliche Verwüstungen durch Hagelschlag gegeben hatte.

Mindestens ebenso wie das Unwetter fürchteten die Winzer das Ungeziefer, das ganze Ernten vernichten konnte. Hier galt der Heilige Magnus den Menschen als Schutzpatron und Nothelfer. Von ihm erhofften sie Beistand durch ihre Gebete. Er sollte Mäuse-, Raupen- und Maikäfer- bzw. Engerlingplagen abwehren. Besondere Wunderkraft wurde dem Magnusstab zugesprochen. Sofern es keinen solchen in der Gemeinde gab, wurde der originale Magnusstab aus dem Füssener Kloster zur Schädlingsbekämpfung geholt. 1469 hatte man unter dem Hochaltar der Kirche St. Mang in Füssen ein Grab entdeckt, in dem ein Wanderstab erhalten geblieben war. Schnell wurde vermutet, dass es sich um das Grab des Heiligen Magnus handle und um dessen Wanderstab, den er der Legende nach von seinem Lehrer Gallus erhalten hatte. Bald wurde der Stab als Reliquie verehrt.

Wünschte eine Gemeinde die Segnung ihrer Weinberge, so ritt der Kustos des Klosters von Füssen zu diesem Ort. Dort angekommen, wurde er in einer feierlichen Prozession über die Äcker und durch die

Fluren geführt. Zum Ritual gehörte es, den Magnusstab an vier ausgewählten Stationen in den Boden zu stecken, Litaneien zu beten und schließlich noch mit dem Stab den Segen zu erteilen. Bis ins letzte Jahrhundert gab es in Hagnau diese Prozessionen mit dem Magnusstab. In Füssen im Allgäu sind sie bis zum heutigen Tag als „Flurumgang mit Magnusstab" am Pfingstmontag und am Magnustag noch Tradition.

Weil es zwar zu allen Zeiten schon Schädlinge gab, die ganze Ernten vernichten konnten, die Menschen aber noch keine wirkungsvollen Pflanzenschutzmittel kannten, erhoffte man sich Hilfe durch das Gebet und durch das Durchführen von Prozessionen. Selbst vom „Magnuswasser" erhofften sich die Menschen Hilfe in ihrem Kampf gegen das Ungeziefer, gegen Schimmel und Fäulnis. „Magnuswasser" war ein Wasser, das am Magnustag, dem 6. September, geweiht wurde und in früheren Jahrhunderten als „Pflanzenschutzmittel" eingesetzt wurde.

Aber nicht nur Sorgen und Nöte rund um den Weinanbau und die Weinernte kannten die Hagnauer Rebleute. Sie verstanden es immer schon zu feiern und auch ihre Freude und ihren Dank über eine gute Ernte zum Ausdruck zu bringen. So wurde der Abschluss der Weinlese im Herbst traditionell mit einem Gottesdienst gefeiert und am 27. Dezember, dem Fest von Johannes dem Evangelist, gab es eine Weinsegnung mit einem Schluck Wein für jeden Kirchgänger.

Wer von Hagnau aus durch die Weinberge hinauf zum Aussichtspunkt Wilhelmshöhe wandert, hat über einige steile Höhenmeter hinweg Gelegenheit, sich die Mühsal der Arbeit der frühen Rebleute am steilen Südhang zu vergegenwärtigen. Oben angekommen, wird man dann mit einer herrlichen Aussicht auf den Bodensee belohnt. Ein paar Stufen geht es noch höher hinauf zum Aussichtsplateau. Unter schattenspendenden Linden gibt es einige Ruhebänke, auf denen man sich niederlassen und die fantastische Aussicht genießen kann. Unterhalb der Weinberge liegt malerisch am Bodenseeufer das Dorf Hagnau. Besonders beeindruckend ist die Aussicht bei Föhn. Dann scheint auf der gegenüberliegenden Seite die Alpenkette zum Greifen nah, dann beeindrucken ganz besonders die hohen, meist schneebedeckten Gipfel von Säntis und Altmann. Ganz ruhig werden die Menschen an diesem besonderen Ort. Beeindruckt sind sie von diesem

Ausblick. Ergriffenheit und Dankbarkeit über so viel grenzenlose Naturschönheit kann man hier erleben. Hier oben meint man, dem Himmel ein Stückchen näher zu sein. Die Verbundenheit mit der göttlichen Kraft und Größe, wie sie den Menschen der vergangenen Jahrhunderte scheinbar so selbstverständlich gegeben war, Andacht und Demut angesichts der Großartigkeit der Natur meint man hier zu erspüren. Den Trost, den die Menschen in ihrer Gottgläubigkeit gefunden haben, angesichts der Unannehmlichkeiten der Natur, denen sie ausgeliefert waren, kann man verstehen. Ausdruck findet dieses Lebensgefühl im Text auf dem Bildstock, der 1864 auf der Wilhelmshöhe errichtet wurde:

▲ *Bildstock auf der Wilhelmshöhe*

Dein Kreuz oh Herr
Schau ich vertrauend an,
Nur es kann mir
Den Trost im Leben,
und einst den Trost
im Tode geben,
wenn hier mich nichts
mehr trösten kann.

In der Umgebung

Hagnau kann auf eine sehr lange Besiedlungsgeschichte zurückblicken. Im 19. Jahrhundert wurde die vorgeschichtliche Ufersiedlung „Burg" entdeckt, die unmittelbar vor der Ortschaft lag. Sie stammt aus der stein- und bronzezeitlichen Periode der Pfahlbauten um 4000 bis 850 v. Chr. Der Großteil der Funde ist im Rosgarten-Museum in Konstanz ausgestellt. Die älteste Holzflöte Europas von 1050 v. Chr., die ebenfalls auf Hagnauer Gebiet entdeckt wurde, ist im Pfahlbaumuseum von Unteruhldingen zu bewundern.

Wegbeschreibung

Hagnau liegt zwischen Friedrichshafen und Meersburg an der B 31. In der Ortsmitte an der Fußgängerampel in Richtung Ittendorf abbiegen. Die Ittendorfer Straße 500 Meter hinauf bis zum Containerplatz; dort Parkmöglichkeit; gegenüber führt ein Wanderweg zur 500 Meter entfernten Wilhelmshöhe hinauf.

Oder in Hagnau parken und dann den ausgeschilderten „Winzerweg" durch die Weinberge hinauf zur Wilhelmshöhe wandern.

Heiligenberg: Freundschaftshöhle

Unterschlupf, Opferplatz, Behausung und bergende Hülle

Für die frühen Menschen, die Jäger und Sammler der Eiszeit, boten Höhlen überlebensnotwendigen Schutz vor Witterung und wilden Tieren. Im 13. vorchristlichen Jahrtausend, als sich die Gletscher allmählich wieder in Richtung Alpen zurückzogen, gab es noch keine Wälder im Bodenseegebiet. Wir müssen uns eine Steppenvegetation aus Sträuchern und Gräsern vorstellen. Es gab Mammuts, Wollnashörner, Höhlenlöwen, Bären und Rentiere. Das Kesslerloch bei Thayngen (nahe der deutsch-Schweizer Grenze) war eine der bewohnten prähistorischen Höhlen. Archäologen konnten zahlreiche Geräte wie Wurfspeere und Harpunen aus Rentierknochen, Geweihen und Elfenbein bergen. Im Museum „Zu Allerheiligen" in Schaffhausen und im Schweizerischen Landesmuseum in Zürich sind die Fundstücke ausgestellt. Im Brudertal bei Engen im Hegau gibt es zwei weitere eiszeitliche Höhlen: der „Petersfels" und die „Gnirshöhle". Auch aus diesen beiden Höhlen wurde bedeutendes Fundmaterial geborgen, das im Städtischen Museum in Engen ausgestellt ist. Besonders einmalig ist eine stilisierte Frauenfigur aus Gagat, die als „Venus von Engen" bezeichnet wird und möglicherweise zu den frühesten Göttinnenfiguren zählt, die Archäologen bisher gefunden haben. Vielleicht wurde sie als Anhänger oder Schmuckbesatz auf einem Kleidungsstück getragen, vielleicht auch zu kultischen Zwecken verwendet, wie es vom Lochstab angenommen wird, der ebenfalls dort gefunden wurde und auf dem zwei Rentiere eingraviert sind.

Als dann vor 11 000 Jahren das Klima deutlich wärmer wurde, füllte sich allmählich der Bodensee mit den Schmelzwassern der sich zurückziehenden Gletscher. Es entstanden ausgedehnte Wälder. Die Menschen lebten nach wie vor von der Jagd und vom Sammeln und auch der Fischfang spielte jetzt an den Seeuferplätzen eine Rolle. Ab der Mitte des 6. Jahrtausends v. Chr. begannen die Menschen, sich auf

▲ *Der Bellevue-Platz oberhalb der Freundschaftshöhle bei Heiligenberg*

eine sesshafte und bäuerliche Lebensweise umzustellen. Sie errichteten Häuser, rodeten Wälder und betrieben Ackerbau und Viehzucht. Ende des 5. Jahrtausends v. Chr. errichteten sie die ersten Pfahlbauten im Uferbereich des Bodensees. Seit der Jungsteinzeit wurden die Siedlungen dann mit Zäunen und Palisaden umgeben, später – in der Bronzezeit – sogar mit stabilen Mauern aus Stein, Holz und Erde umschlossen. Die kriegerische Bedrohung scheint groß gewesen zu sein, das Schutzbedürfnis der Menschen entsprechend hoch.

Die Wohnhöhlen von einst waren zwar von ihren Bewohnern schon längst verlassen worden, wurden aber in vielen Fällen noch immer zu kultischen Zwecken genutzt. So weiß man, dass sowohl die Kelten als auch die Germanen bis ins erste nachchristliche Jahrhundert hinein Höhlen zur Ausübung ihrer kultischen Praktiken nutzten. Wahrscheinlich wurden auch einige dieser uralten Kulthöhlen im Verlauf der Christianisierung von den Missionaren übernommen und zu christlichen Andachtsstätten umfunktioniert (so Kraftort 25 „Maria im Stein").

Ein ganz anderer und äußerst ungewöhnlicher Verlauf ist bei der „Freundschaftshöhle" in Heiligenberg nachgewiesen. Fast nicht mehr vorstellbar ist, dass noch im 18. Jahrhundert ein Tagelöhner des Fürsten zu Fürstenberg die kleine Höhle an der steilen Hangkante bei

Heiligenberg bewohnte. Im Dialekt heißt „kleine Höhle" „Höhlele" bzw. „Hüllele" und der dortige Bewohner ist den Menschen noch heute als der „Höhlenmann" bzw. „Hüllelemo" ein Begriff.

Beim genauen Hinhören auf den Klang des Dialektwortes erschließt sich auch noch uns modernen Menschen eine Facette des Höhlendaseins, die zwar für den „Hüllelemo" nachweislich nicht mehr zugetroffen hat, wollte er doch seine Höhle dringend verlassen, weil sie ihm durch abbröckelndes Geröll gefährlich und durch Kälte, Schnee und Regen natürlich nicht zumutbar war. In jenen längst vergangenen Jahrtausenden aber, als die Menschen noch keine festen Häuser kannten und sie in Höhlen ihre Zuflucht suchten, mag ihnen die Höhle durchaus so etwas wie eine schützende „Hülle" gewesen sein. In der Höhle konnten sie den Unbilden der Witterung entkommen, hier konnten sie sich einen bewohnbaren, behaglichen und sicheren Raum schaffen. Hier konnten sie sich verbergen, aber auch geborgen fühlen, umhüllt und eingehüllt im Bauch der Mutter Natur.

Die Freundschaftshöhle ist nur über einen schmalen Wanderweg zu erreichen. In der Höhle lädt eine Bank zum Verweilen ein. Ein Kaminschacht, der durch das Gestein führt und bis zum heutigen Tag noch schwarz gefärbt vom Ruß aus vergangenen Zeiten ist, veranlasst zum Nachdenken über die Geschichte dieser Höhle. Sie vermag zwiespältige Empfindungen bei den Besuchern auszulösen. Beklemmend und ergreifend die Vorstellung einerseits, dass hier ein ganzes langes und hartes Leben gelebt werden musste und die Höhle nichts weiter als eine erbärmliche Behausung war. Ungewöhnlich und faszinierend auf der anderen Seite die Vorstellung, dass hier unter diesem Felsendach die Natur den Menschen vor unvorstellbar langer Zeit so etwas wie eine schützende, verborgene Zuflucht und bergende Hülle sein konnte.

Nicht jedem vermag eine Höhle dieses Geborgenheitsgefühl zu vermitteln. Es gibt Menschen, denen der Aufenthalt in einer Höhle sehr schnell als beengend und beklemmend erscheint. Wem es in der Freundschaftshöhle so ergeht, der sollte sich kurzerhand wieder auf den Rückweg begeben und den kurzen Abstecher zum ausgeschilderten Bellevue-Platz nehmen. Dieser schöne Platz verdient seinen wohlklingenden Namen, weil man von hier aus eine wunderbare Aussicht über das Salemer Tal genießen kann. Schloss Heiligenberg liegt von hier aus ganz nah, weiter entfernt glänzt der Bodensee mit der Uhldinger Bucht und der Insel Mainau, die man von hier oben wunderbar sehen kann. Bei Föhn reicht der Blick bis weit in die Alpen hinein. So begrenzt der Raum in der Freundschaftshöhle war, so ausgedehnt weit kann der Blick vom Bellevue-Platz aus ins Land schweifen. Auch hier oben lädt eine Bank zum Verweilen ein. Wer weiß, vielleicht hat sich sogar der legendäre „Hüllelemo" manchmal hier oben aufgehalten und sich von da aus seinen Wunschwohnort ausgemalt und vielleicht sogar ausgesucht. Von diesem Platz aus sieht man nämlich auch auf den Ortsteil von Heiligenberg, in dem der „Hüllelemo", in Wirklichkeit Hans Georg Sauter, schließlich sein Baugrundstück erhielt und sich – nach jahrzehntelangem Leben in der Höhle – endlich ein richtiges Häuschen bauen konnte.

In der Umgebung

Vom Bellevue-Platz über der Freundschaftshöhle hat der Besucher einen direkten Blick auf das imposante Schloss Heiligenberg. Das Schloss kann im Rahmen von kunsthistorischen Führungen besichtigt werden. Es ist eines der bedeutendsten Baudenkmale der deutschen Renaissance. Im 16. Jahrhundert wurde die einstige Burg zum Schloss umgebaut. Ein besonderes Juwel ist der Rittersaal, der sich über zwei Stockwerke erstreckt und mit einer prachtvoll geschnitzten Holzdecke ausgestattet ist. Auch die Schlosskapelle ist stilrein erhalten geblieben und eines der wenigen erhaltenen Zeugnisse deutscher Renaissance.

Wegbeschreibung

Beliebig nach Heiligenberg. Parkmöglichkeit am Ortsrandparkplatz. Durch die Ortschaft zum Ortsende in Richtung Leustetten. Von hier in 500 Metern auf schmalem Pfad, der ausgeschildert ist, teilweise über Stufen bergab zur Höhle. Der Bellevue-Platz ist auf demselben Weg zu erreichen und ebenfalls ausgeschildert.

Heiligenberg: Wallfahrtsort in Betenbrunn

Die Heilkraft der Muttergöttin

Das Salemer Tal wird zum Norden hin vom Höhenzug Heiligenberg begrenzt. Fast 400 Meter steigt die Straße in langgezogenen Serpentinen zur gleichnamigen Ortschaft hinauf. Oben, auf ungefähr 800 Metern, herrscht bereits Mittelgebirgsklima. Das bedeutet, dass es im Sommer – im Gegensatz zum Bodenseegebiet – weniger schwüle Tage gibt, im Herbst sind die nebelfreien Tage zahlreicher und im Winter sind die Schneemengen deutlich höher, weshalb hier sogar Wintersport betrieben werden kann. Geradezu fantastisch ist insbesondere an Föhntagen die weite Sicht ins Tal, über den See und bis hinüber zur schweizerischen Alpenkette. Die kleine Ortschaft Betenbrunn liegt ungefähr zwei Kilometer von Heiligenberg entfernt in östlicher Richtung. Der Ortsname verweist auf ein vorchristliches Quellheiligtum, einen Brunnen, an dem vermutlich einst den drei keltischen Bethen geopfert wurde. Die Bethen wurden von den Kelten als Mutter- und Fruchtbarkeitsgöttinnen verehrt. Sie hatten in der keltischen Gesellschaft eine zentrale Bedeutung, weil man annahm, dass sie das Leben gaben, es behüteten und auch wieder von der Erde zurücknahmen. Darüber hinaus glaubte man, dass die Bethen nicht nur die Fruchtbarkeit der Menschen, sondern auch die der Tiere und Pflanzen verantworteten.

Für die Vermutung, dass Betenbrunn eine uralte Mutterkultstätte sein könnte, spricht nicht nur der Ortsname und der Wallfahrtsbrunnen vor der Kirche, sondern auch eine bemerkenswerte Besonderheit in der Seitenkapelle der Kirche auf der linken Seite. Hier wurde unter einer spätgotischen Pieta ein großer Findling eingemauert, bei dem es sich vermutlich um einen einst verehrten Kultstein handelt. Der Stein ist von eigenartiger Form und Farbe. Er weist drei sanfte, senkrecht verlaufende Wellen auf und seine Oberfläche schimmert in einem sachten Rot und schlierigen Weiß. Im oberen Drittel weist der

Stein eine tiefe, längliche, glatte und glänzende Kerbe auf. In die fast waagerecht verlaufende Kerbe passt bequem die ausgestreckte Hand eines Erwachsenen. Gut vorstellbar, dass unsere Vorfahren ein Ritual praktizierten, bei dem die Berührung des Steins eine Rolle spielte. In der Einkerbung findet dann die Hand ihren sicheren Halt und einen kühlenden Platz, bevor sie – das zeigen die Schleifspuren unterhalb der Kerbe – nach unten weggezogen wird.

Bis in unsere Tage kennen wir die rituellen und heute als abergläubisch bezeichneten Vorgänge des „Berührens". Im profanen Bereich gibt es ein Beispiel in München. Dort steht vor dem Deutschen Jagdmuseum eine große Tierfigur, ein wilder Keiler. An einer exponierten Stelle ist die Bronzeplastik durch häufiges Streicheln schon golden verfärbt. Ein abergläubisches Tun, das allerdings Tausende zur Nachahmung animiert. Im religiösen Bereich hat sich die Geste des stellvertretenden Berührens einer Symbolfigur in etlichen Kirchen erhalten, so im Petersdom in Rom. Die Gläubigen ziehen dort in langen Prozessionen zur Figur des Heiligen Petrus und berühren im Vorbeigehen den Fuß des Heiligen. Vermutlich sind solche Gesten Relikte der religiösen Rituale, die auch schon unsere vorchristlichen Vorfahren praktizierten. Die Spuren im alten Kultstein von Betenbrunn können jedenfalls

▼ *Der sagenumwobene Kultstein in der Wallfahrtskirche von Betenbrunn*

als Hinweis auf ein solches archaisches Ritual gedeutet werden. Wahrscheinlich erhofften sich die Menschen, dass sie durch das Berühren des Steins an der Kraft der Muttergöttin teilhaben können, dass etwas von ihrer Allmacht und Stärke auf sie selbst übergeht. Obwohl noch immer ein starker Impuls zur Berührung von diesem sonderbaren Stein ausgeht, ist dies heutzutage nicht mehr möglich. Ein schweres schmiedeeisernes Gitter versperrt den Zugang zum Kultstein.

▲ *Der Wallfahrtsbrunnen vor der Marienkirche*

Auf die besondere Bedeutung des Steins von Betenbrunn weist auch eine Legende hin, die sich um ihn rankt. Ein schwedischer Söldner, heißt es, habe während des Dreißigjährigen Krieges mit seinem Säbel das Gnadenbild der Heiligen Maria zerschlagen wollen. Bei dieser Freveltat sei aber der Säbel wundersam abgeglitten und im Aufschlagen auf dem Stein zerborsten. Das Madonnenbild sei durch das Wunder verschont worden und der Stein trage seither die tiefe Kerbe.

Auch diese Legende lässt uns erahnen, wie mühsam die Missionierung in ihren Anfängen war und welche Versuche die frühen Missionare unternehmen mussten, um heidnische Kultsteine in den neuen Glauben zu integrieren. Wo die heiligen Steine aus vorchristlicher Zeit trotz all ihrer Bemühungen bei den Einheimischen nicht in Vergessenheit gerieten, wo sie nicht zerstört werden konnten oder die Menschen nicht bereit waren, von ihrer Verehrung abzulassen, wurden sie nicht selten beim Bau einer christlichen Kirche mit verwendet. Achtlos oder sogar absichtsvoll verächtlich und demonstrativ wurden sie mancherorts als Türschwellen eingebaut, in den Sockel oder eine Außenwand eingemauert. Der Betenbrunner Stein muss aber ein ganz besonderer gewesen sein, sonst wäre er sicher nicht so zentral positioniert und mit einer Legende versehen worden. Seine geheimnisvolle Strahlkraft hat sich erhalten und verleiht Betenbrunn seine einmalige Aura als Kraftort bis zum heutigen Tag.

In der Umgebung

Um die alte Betenbrunner Marienkirche führt ein etwa zwei Kilometer langer Rundwanderweg. Wer möchte, kann das uralte Heiligtum wandernd umkreisen. Ausgehend vom Kirchplatz mit dem Wallfahrtsbrunnen aus dem 15. Jahrhundert führt er in Richtung Waldrand. Von dort zweigt der Weg nach links ab und steigt sacht bergan. Ein riesiger Findling (vielleicht ein Menhir) liegt am Wegrand. Auch dieser gewaltige Brocken findet heute noch vielfache Beachtung, wie man an den vielen aufgetürmten Steinen sehen kann.

Wegbeschreibung

Von Heiligenberg aus circa fünf Kilometer weiter nach Betenbrunn. Dort kann am Ortseingang oder bei der Kirche im Ortszentrum bequem geparkt werden.

▼ *Ein Findling am Wegrand*

Herdwangen-Schönach: Burg Ramsberg

Hinaufwandern, ausruhen und Kraft tanken

Auf halber Strecke zwischen Überlingen und Pfullendorf liegt die Gemeinde Herdwangen-Schönach. Über dem tief eingeschnittenen Bachtobel steht hoch oben auf 657 Meter die ehemalige Hügelburg des Grafengeschlechts der Herren von Ramsberg und Pfullendorf. Das Wappen des Grafengeschlechts der Herren von Ramsberg zeigt einen Widder auf einem Dreigipfelberg und ähnelt dem heute noch gebräuchlichen Wappen der nahe gelegenen Ortschaft Taisersdorf. Das mittelhochdeutsche Wort „ram" steht für Widder bzw. Schafbock (althochdeutsch „rammo", englisch „to ram") und unser heutiges Verb „rammen" geht demnach von der Beobachtung des mit gesenktem Kopf gegen ein Hindernis anrennenden Bockes aus. Auch wenn von der einst stolzen Burg Ramsberg nicht viel übrig geblieben ist, so lohnt sich doch der etwas beschwerliche steile Aufstieg zur Burgstelle hinauf. Dort oben eröffnet sich ein idyllischer kleiner Burghof, umrahmt von der alten Burgkapelle und dem einstigen Mesnerhaus.

Um 1420 kaufte die Reichsstadt Überlingen die Burg und baute sie zu einer Vogtei um. Der hier residierende Vogt hatte die umliegenden Ortschaften zu verwalten. Die Burgkapelle wurde 1467 im spätgotischen Stil ausgemalt. Im Dreißigjährigen Krieg wurde die ganze Anlage zerstört und später wieder aufgebaut, im Jahr 1720 die Kapelle neu ausgestattet und dem Heiligen Wendelin geweiht.

Die Person des Heiligen Wendelin geht auf eine historische Gestalt zurück. Vermutlich kam er als Wandermissionar im 6. oder 7. Jahrhundert aus dem iroschottischen Raum, um im Frankenreich den christlichen Glauben zu verbreiten. Schon bald nach seinem Tod entstand eine Vielzahl von Legenden um ihn. Die Wallfahrt zu seinem Grab setzte ein. Im

Hoch- und Spätmittelalter machten ihn die Menschen zum Pestpatron. Sie verehrten ihn auch als Helfer bei Brandkatastrophen, als Wetterpatron, als Pilger- und Hirtenpatron und als Quellenheiligen. In ländlichen Gegenden entwickelte sich ganz besonders das Pilger- und Bauernpatronat. Der Festtag des Heiligen und damit auch der Hauptwallfahrtstag ist traditionell im Oktober, ein günstiger Termin zur Wallfahrt für die Landbevölkerung, weil zu diesem Zeitpunkt die Ernte schon eingebracht ist und auch das Vieh bereits wieder in den Ställen steht. Auch die Wallfahrt auf den Ramsberg hat eine lange Tradition. Zum Wendelinusfest treffen sich noch heute die Wanderer und Pilger zum Festgottesdienst in der Kapelle. Die schön gelegene Kapelle ist auch ein Wanderziel auf dem Jakobsweg von Beuron nach Einsiedeln.

Möglicherweise reicht die Kulttradition auf dem Ramsberg bis in die vorchristliche Zeit zurück. Nicht nur die exponierte Lage und der Widder als Wappentier könnten als Hinweise gedeutet werden. Unweit des Ramsbergs haben nachweislich Kelten gesiedelt, denn beim nahen Aach-Linz gibt es eine gut erhaltene keltische Viereckschanze. Die Archäologen sind sich nicht einig, zu welchem Zweck die Kelten solche Schanzen bauten, ob es sich um die Einfriedung eines Gehöftes oder um die eines sakralen Raumes handelt. Unbestritten ist aber, dass es sich um keltische Relikte handelt. Von den Kelten wissen wir, dass

▼ *Deckenfresko in der Wendelin-Kapelle*

sie einen Stammesgott mit Namen Teutates als ihren Führer in Krieg und Friedenszeiten verehrten. Ihm, der in der keltischen Kunst mit Widderhörnern oder durch einen Eber repräsentiert ist, wurden bevorzugt auf Bergkuppen Opfer dargebracht. Gut möglich, dass der Ramsberg in dieser uralten Traditionslinie steht und seine Funktion als Wallfahrtsberg in christianisierter Form bis auf den heutigen Tag behalten hat. Vielleicht liegt auch in dieser außerordentlich langen Tradition die besondere Strahlkraft des Ortes.

▲ *Die Burgkapelle auf dem Ramsberg*

Die vorchristliche Nutzung des Ramsbergs als keltischer Opferplatz ist bisher nicht durch archäologische Funde abgesichert und daher reine Spekulation. Aber auch ohne eine solche historische Gewissheit zu haben, wird jeden Besucher hier oben die besondere Atmosphäre beeindrucken, die den Ramsberg umgibt. Der kleine, mit Bäumen und Büschen gesäumte Vorplatz der Kapelle, auf dem der Wanderer ankommt, lädt mit ein paar gemütlichen Sitzgelegenheiten sogleich zum Verweilen ein. Obwohl man von diesem Platz aus keine Aussicht ins Tal genießen kann, fühlt man sich sofort wohl und gut aufgehoben. Das mag daran liegen, dass er klein, überschaubar und wie eingesäumt durch einen grünen Wall von Bäumen und Büschen rundum ist. Einzig nach Osten hin eröffnet die stets offene Pforte zur Kapelle einen einladenden Weg. Wer die Kapelle dann betritt, ist sogleich beeindruckt von deren betörender Schönheit. Die spätgotischen, teils realistischen, teils abstrakten Wandmalereien sind einmalig. Auf einem sternübersäten Himmel zeigen sich Sonne und Mond in einer Schönheit, wie sie auch draußen in der Realität nicht ergreifender sein kann. Über der Eingangstür ist eine Skulptur des Heiligen Wendelin mit der folgenden Inschrift angebracht:

▲ *Spätgotische Wandmalereien*

Herr, du hilfst beiden, Mensch und Vieh.
Wie teuer ist deine Güte, Gott, dass sich Menschenkinder
unter den Schatten deiner Flügel trauen.
Sie werden satt von den reichen Gütern deines Hauses
und du tränkst sie mit Wonne wie mit einem Strom.
Denn bei dir ist die Quelle des Lebens,
und in deinem Lichte sehen wir das Licht.

Seit 15 Jahren lebt ein Benediktinermönch in der Klause auf dem Ramsberg. Sein Tag, sagt er, beginne morgens um sechs Uhr, im Sommer sogar schon um halb fünf Uhr in der Früh mit einer eineinhalbstündigen Schweigemeditation. Er unterbricht dann sein Tagwerk wieder zur Mittags-, zur Nachmittags- und zur Abendmeditation. Tagsüber ist er hier oben auf dem Berg meistens ganz ungestört, ganz bei sich.

Eine Ahnung davon, wie dieses „Ganz-bei-Sich-Sein" aussehen kann und wie viel Kraft sich daraus für den Alltag schöpfen lässt, kann jeder Besucher dieses Ortes selbst erfahren. Man muss sich nur auf den Weg machen und bereit sein, ein bisschen Anstrengung auf sich zu nehmen. Auf dem Berg angekommen, kann man sich dann ganz der

Stille und Einmaligkeit des Kraftortes überlassen in dem Bewusstsein, dass nichts zu tun und nur den Augenblick zu genießen ein wahrer Luxus in der heutigen Zeit ist.

In der Umgebung

Die frühe Besiedlung des Linzgaus durch Kelten lässt sich anhand der zahlreichen Hügelgräber und Schanzen in dieser Gegend nachweisen. Auch die Bezeichnung der Region als Linzgau geht vermutlich auf die Kelten zurück. Der Linzgau wird im Süden vom Bodensee begrenzt, im Osten von der Schussen und reicht im Westen bis Überlingen und im Norden bis nach Pfullendorf. Die Linzer Aach, der Bach, der durch diese Region fließt, gab dem Linzgau seinen Namen. Es ist die lateinische Ableitung des keltischen Namens „Lentia", was so viel wie „die Biegsame" bedeutet. Sie entspringt bei Aach-Linz und mündet bei Unteruhldingen in den Bodensee. Bei Aach-Linz gibt es auch noch eine keltische Viereckschanze im Waldgebiet „Gertholz". Die Schanze ist 60 Meter auf 80 Meter groß. Besonders der nordöstliche Teil ist noch sehr gut erhalten. Hier erreicht der Wall eine Höhe von anderthalb Metern.

Wegbeschreibung

Der Ramsberg liegt zwischen Überlingen und Pfullendorf bei der Gemeinde Herdwangen-Schönach. Beliebig nach Herdwangen-Schönach bzw. nach Großschönach fahren. Im Dorfzentrum beim Rathaus gibt es Parkplätze. Von der nahe gelegenen Kirche St. Antonius aus ist der Wanderweg zum Ramsberg ausgeschildert. Zuerst geht es hinunter zur nahen Lochmühle. Dort teilt sich der Wegeverlauf in zwei unterschiedlich lange und steile Varianten: Der kürzere Weg, gut einen Kilometer lang, führt steil durch den Wald hinauf. Der andere Weg über Katzensteig ist doppelt so lang und weniger steil. Auf diesem Weg eröffnen sich herrliche Ausblicke auf den Oberen Linzgau und bei guter Fernsicht bis zum Bodensee.

Hergensweiler: Antoniuskapelle

Glaube und Aberglaube als Kraftspender

Hergensweiler ist eine kleine schmucke Ortschaft im Hinterland von Lindau, am äußersten Rand des Westallgäus. Umrahmt von den hügeligen Ausläufern des Pfänders auf der einen Seite, öffnet sich von der fast 600 Meter hoch gelegenen Ortschaft der Blick bis hinunter an die Ufer des Bodensees und weit darüber hinaus bis in die Alpen hinein. Einen halben Kilometer außerhalb der Ortschaft liegt auf einem Hügel malerisch die kleine Antoniuskapelle. Sie wurde 1682 erbaut und dem Heiligen Antonius, einem seinerzeit hoch verehrten Pestheiligen, geweiht.

Umgeben ist die Kapelle von einer festen Mauer, die den als Pestfriedhof genutzten Ort von Anfang an umgab. Als die Pest im Mittelalter wütete und zahlreiche Opfer in der Bevölkerung forderte, reichte der Platz auf den traditionellen Friedhöfen um die Ortskirchen herum nicht mehr aus. Außerdem hatte das Massensterben die Menschen in Angst und Schrecken versetzt. Sie waren sensibilisiert für die hohe

▾ *Die Antoniuskapelle auf einem Hügel bei Hergensweiler*

Ansteckungsgefahr der Seuche und versuchten, sich mit allen ihnen damals zur Verfügung stehenden Mitteln vor der lauernden Krankheits- und Todesgefahr zu schützen. Ein aus heutiger seuchenhygienischer Sicht sicherlich sinnvolles Mittel war die Verlagerung des Friedhofes an einen Ort weit außerhalb der Siedlung, wie es auch in Hergensweiler der Fall war. Zum Friedhof beim Heiligen Antonius brachten die Menschen ihre Verstorbenen, zum Heiligen Antonius pilgerten sie, um von ihm Beistand und Hilfe in der Not zu erflehen. Sie erhofften sich auch Hilfe durch Zauberei und von verschiedenen Wundermitteln, von Amuletten und Breverln, wie es zahlreiche anschauliche Beispiele im Heimatmuseum in Hergensweiler zu sehen gibt.

▲ *Die Eingangspforte zum ehemaligen Pestfriedhof*

Die sogenannten Breverl sind fast so etwas wie die „Schutzbriefe des Mittelalters“, sollten diese kleinen Briefchen doch ihre Träger vor vielerlei Unglück und Elend bewahren. Das Wort „Breverl“ leitet sich vom lateinischen *breve* für ein kurzes Verzeichnis bzw. eine Liste ab und wurde im süddeutschen Raum der hiesigen verkleinernden Sprechweise angepasst. Die Breverl sind Blätter ungefähr im DIN A4-Format, die – ähnlich einer Landkarte – viermal gefaltet wurden. So entstanden neun Bilderfelder, die mit Kupferstichbildchen von Heiligen beklebt wurden. Das ganz besondere Geheimnis der Breverl lag aber in deren Zentrum. Werden nämlich die Reihen der Heiligenbildchen nach oben abgehoben, kommt im Mittelfeld eine ganze Ansammlung von Amuletten zum Vorschein. Sie sind auf einem Täfelchen, das mit Pech oder geweihtem Wachs bestrichen wurde, aufgedrückt. Hier fanden sich winzig klein zusammengefaltete Exorzismuszettelchen mit

▲ *Die Ortsmitte mit Dorfkirche und Heimatmuseum*

Texten zur Austreibung des Teufels, Agathazettelchen gegen Brandkatastrophen, kleine geweihte Schabfigürchen aus Ton, von denen man geweihten Staub ins Essen oder ins Tierfutter abrieb in der Hoffnung, er möge seine segensreiche Wirkung entfalten; man fand rote Filzdreiecke als Schutz gegen Hexen, Goldpapierchen als Schutz gegen Erschießen, Weidenkätzchen als Blitzschutzmittel oder kleinste Schluckbildchen, deren Einnahme für oder gegen unterschiedlichste Gebrechen helfen sollte. Die zusammengefalteten Breverl wurden in eine Hülle aus Brokat oder Seide, Messing, Silber oder Zinnguss gesteckt und als Anhänger um den Hals getragen, in die Betten gesteckt oder den Kindern in den Wiegen untergelegt.

Ungefähr 30 solcher Zeugnisse für den Glauben der damaligen Menschen an die magischen Kräfte beherbergt das Heimatmuseum von Hergensweiler in seiner beachtlichen Sammlung zum Thema „Volksfrömmigkeit zwischen Glaube und Aberglaube". Auch der Heilige Antonius als Pestheiliger ist natürlich bei den Heiligenbildchen vertreten. Von der Ortsmitte bis zur Kapelle, die ihm zu Ehren gebaut wurde, sind es nur wenige hundert Meter.

Die Kapelle thront weithin sichtbar auf einem Hügel unweit der Ortschaft. Zwei große Linden stehen vor dem Eingang. Die Kapelle wird von einer Mauer umsäumt. Durch ein niedriges Eisentor betritt man das kleine Areal, auf dem sich noch ein paar wenige Gräber erhalten haben. Es ist ruhig hier oben, ein wunderbarer Ort der Stille. Bänke laden zum Ausruhen ein und bei klarem Wetter kann man bis hinunter zum zehn Kilometer entfernten Bodensee sehen. Aber auch an Tagen ohne Fernsicht ist es eine Freude, hier oben zu sein.

Das hügelige Allgäuer Wiesenland umgibt den Kraftort und strahlt eine behagliche Ruhe aus. Es ist eine ländliche Gegend und die Menschen hier scheinen sich der Schönheit ihres Dorfes und ihres Umlandes bewusst zu sein. So schön wie das Dorf herausgeputzt ist und im Sommer in buntem Blumenflor erstrahlt, so sattgrün umrahmen die Wiesen und Hänge rundherum noch zusätzlich die Allgäu-Gemeinde. Es ist eine wirklich liebliche Landschaft, die der Rheingletscher hier hinterlassen hat. Und trotz seiner einstigen dunklen Geschichte ist der Hügel mit der Antoniuskapelle ein Kraftort, der unseren heutigen Generationen und den noch folgenden als ein Geschenk aus der Eiszeit und von den Vorfahren erhalten geblieben ist.

In der Umgebung

Direkt gegenüber der Kirche in der Ortsmitte von Hergensweiler befindet sich das Heimatmuseum. Neben Räumen, in denen sich viel Sehenswertes über das ländliche Leben und Arbeiten vergangener Zeiten findet, besitzt das Museum eine Sammlung zum Thema „Volksfrömmigkeit zwischen Glaube und Aberglaube".

Neben einer Vielzahl von Objekten aus dem Bereich der religiösen Volkskunst wie Rosenkränze, Andachtsbildchen und Wallfahrtsandenken sind auch bizarr anmutende Amulette, Geldbeutelfigürchen, Schabfiguren und eine große Sammlung von Schutzbriefen (Breverl) ausgestellt. Mit dieser umfangreichen Sammlung von religiösen Objekten hat sich das Heimatmuseum von Hergensweiler einen ganz besonderen Ruf als eine der seltenen Einrichtungen zum Themenschwerpunkt Volksfrömmigkeit in Süddeutschland geschaffen.

Wegbeschreibung

Beliebig nach Hergensweiler (zehn Kilometer nördlich von Lindau); Parkmöglichkeit bei der Dorfkirche im Ortszentrum; zu Fuß in wenigen Minuten zur Kapelle, die ein Kilometer vom Ortszentrum entfernt von weitem gut sichtbar auf einem Hügel liegt.

Immenstaad: Feldsteinkirche in Frenkenbach

Ort der Zuflucht und Geborgenheit

Nur etwa ein Kilometer vom Bodenseeufer entfernt, hoch oben über der Ortschaft Hagnau, liegt abgeschieden und in ländlicher Umgebung der Weiler Frenkenbach. Im Frühjahr, zur Zeit der Obstbaumblüte, scheint die Ortschaft wie eingehüllt in ein Meer von weißen und rosa Blüten. Besonders bei Sonnenschein und Föhnwetterlage verliert sich der Blick beinahe in der Weite der zauberhaften und duftigen Landschaft. Wie ein klares Gegengewicht wirkt da die romanische Kirche, die den beiden Heiligen St. Oswald und St. Otmar geweiht wurde. Von der einheimischen Bevölkerung wird sie wegen ihrer Größe und Mächtigkeit auch stolz „Frenkenbacher Münster"

▾ *Die romanische Feldsteinkirche von Frenkenbach*

genannt. Im 12. Jahrhundert wurde das Gotteshaus aus Findlingen und Feldsteinen errichtet.

Die Eiszeiten haben im Bodenseeraum nicht nur die Landschaft geformt, sondern auch Unmengen von Gestein abgeladen. Diese Findlinge wurden von den Menschen gesucht, bearbeitet oder auch im Rohzustand zum Häuser- und Kirchenbau verwendet. Diese schlichte Größe, Einfachheit und Festigkeit strahlt die Frenkenbacher Kirche bis auf den heutigen Tag aus. Solide, schwer und wie fest verwurzelt in der Erde steht die Dorfkirche an ihrem auserwählten Platz.

▲ *Holzskulptur der Anna selbdritt*

Die Bodenseeregion ist reich an schönen Sakralbauten. Die meisten präsentieren sich weithin sichtbar für alle. Sie stehen hoch oben auf Hügeln (wie in Baitenhausen) oder direkt am oder über dem Seeufer (wie die Birnau). Die meisten schwelgen in barocker Pracht und scheinen die Herrlichkeit der Natur architektonisch übertrumpfen zu wollen. Nicht so in Frenkenbach: Frenkenbach ist ein ganz besonderes, ein verstecktes und verborgenes Juwel unter den Sakralbauten am Bodensee.

Konzentration ist an diesem Kraftort so leicht möglich, weil im Kircheninneren nichts ist, was ablenkt. Es gibt nur zwei Skulpturen zu sehen: eine Christusfigur und eine Anna selbdritt. Bemerkenswert an der Anna selbdritt ist, dass lediglich zwei Personen dargestellt sind und nicht – wie sonst üblich – Anna, ihre Tochter Maria und Jesus als Kind. Die seltene Darstellung aus dem 17. Jahrhundert zeigt eine schwangere Maria, deren gewölbten Bauch der Holzschnitzer hinter einer braunen Schürze verborgen hat.

Zur besonderen Atmosphäre dieser Kirche trägt auch bei, dass sie nur durch das Tageslicht, das durch die hohen schmalen Butzen-

▲ *Der Innenraum der Kirche von Frenkenbach*

scheibenfenster fällt, ausgeleuchtet wird. An den weiß getünchten Wänden ist die Struktur der Steine einziger Schmuck neben einigen einfach gehaltenen, schmiedeeisernen Leuchtern. Auch an jeder Kirchenbank sind solche Kerzenleuchter angebracht. Dicke weiße Kerzen stecken darin und lassen bei einem Besuch am helllichten Tage erahnen, welchen Lichterzauber die vielen Kerzen in der dunklen Jahres- und Tageszeit in diesem Sakralraum ausstrahlen. An manchen Tagen ist eine Kerze vor dem Anna-selbdritt-Bildnis aufgestellt und angezündet, vor der Christusskulptur brennen ständig kleine Opferkerzen. Jeder kann hier gegen ein geringes Entgelt ein kleines Licht entzünden. Mit einem solchen Lichtopfer ist man in eine jahrtausendealte Tradition eingereiht.

Lichtopfer kannten schon die Menschen in der vorchristlichen Zeit. Eines der vier wichtigsten Feste der Kelten war das „Imbolc" genannte Lichterfest. Es wurde zwischen der Wintersonnwende und der Frühjahrs-Tag-und-Nacht-Gleiche gefeiert. Früher war dies für die Menschen ein bedeutender Termin, weil ab dann die Tage endlich wieder länger und wärmer wurden. Die Bauernregel „Maria Lichtmess bei Tag ess!" enthält nicht nur diese Erfahrung der ab Anfang Februar wieder deutlich länger werdenden Tage. Sie beinhaltet auch die Tatsache, dass mit der Christianisierung ein Marienfesttag das ursprünglich heidnische Fest ablöste. Es entstand der christliche Brauch, an Lichtmess Kerzenprozessionen durchzuführen und den Jahresbedarf an Kerzen für die Kirchen und auch für den häuslichen Gebrauch zu weihen. In den Städten fanden Wachsmärkte statt, sogenannte Lichtermessen, wonach der Feiertag dann auch seine Bezeichnung erhielt. Die Weihnachtszeit war mit dem Lichtmesstag offiziell zu Ende. Noch heute ist es der Tag, an dem

Christbäume und Weihnachtskrippen in vielen katholischen Kirchen endgültig weggeräumt werden.

Letzteres gilt auch für Frenkenbach. Seit einigen Jahren wird von Heiligabend bis Maria Lichtmess eine sehr schöne Krippe mit fast lebensgroßen Holzfiguren aufgestellt. Ein weiterer Grund, auch zur kalten Jahreszeit einmal nach Frenkenbach zu wandern. Diese Kirche mit ihrer hellen, klaren und ruhigen Atmosphäre ist aber nicht nur zur Weihnachtszeit, sondern das ganze Jahr über eine einzige Einladung zur Einkehr. Innerhalb dieser festen Mauern kommt ganz ohne absichtsvolles Zutun ein Gefühl von Schutz, Geborgenheit und Wohlbefinden auf; hier kann man zur Ruhe kommen, sitzen und sich besinnen, schauen und entspannen, beten und meditieren.

In der Umgebung

Der Hagnauer Obst- und Weinwanderweg ist ein vier Kilometer langer Rundwanderweg, der zwei Kraftorte miteinander verbindet: die Kirche von Frenkenbach und den Aussichtspunkt „Wilhelmshöhe" über Hagnau. Er führt vorbei an üppigen Obstplantagen und sonnenverwöhnten Weinbergen. Entlang des Weges sind 27 Tafeln aufgestellt, auf denen über die Obst- und Rebsorten informiert wird. Zusätzlich wird die Geschichte des Dorfes und das Leben der Obstbauern und der Winzer dargestellt. Von Frenkenbach führt der Weg entlang des Sonnenbühls, vorbei am Weiher zur Wilhelmshöhe. Von dort verläuft er entlang des Weingartner Waldes zum Sportplatz und zurück bis zum Ausgangspunkt nach Frenkenbach.

Wegbeschreibung

Hagnau liegt an der B 33 zwischen Friedrichshafen und Meersburg. In Hagnau ist der Weg nach Frenkenbach angeschrieben; Parkplätze gibt es in Frenkenbach bei der Kirche.

Immenstaad: Hochberg

Durch die Obst- und Weingärten hinauf auf den Drumlin

Immenstaad ist eine Bodenseegemeinde zwischen Friedrichshafen und Hagnau. Es ist eine Siedlung, deren Anfänge weit zurück in die Vergangenheit – bis in die Zeit der Pfahlbauten – verweisen. Auch die Kelten ließen sich hier nieder und nach ihnen die Alemannen. Der Name der Ortschaft geht wahrscheinlich auf einen Alemannen namens „Immo" zurück, der um 600 oder 700 n. Chr. hier lebte und der Gründer der Siedlung war. Er richtete sich seine eigene Landestelle (Gestade bzw. Staad) am Bodenseeufer ein und schuf damit die Grundlagen für das heutige Immenstaad. Die Alemannen müssen wir uns als sesshafte Landwirte vorstellen, die Ackerbau und Viehzucht betrieben. Ihre landwirtschaftlichen Produkte verkauften sie nicht, sondern nutzten sie für den Eigenbedarf. Man kann also vermuten, dass Immo seine Landestelle, sein Gestade, brauchte, wenn er durch Fischen im See den Speiseplan seiner Sippe bereichern wollte. Neben Fischfang, Viehzucht und Ackerbau kannten die Alemannen auch bereits den Anbau von Kräutern mediterraner Herkunft, den sie von den Römern übernommen hatten. Sie bauten Gemüse an, Obst und Wein. Der Weinanbau fand zur Alemannenzeit noch in der Ebene statt. Erst im Hochmittelalter verdrängte ihn der zunehmende Ackerbau der Bauern aus der Ebene hinauf an die Hänge, wie wir es heutzutage kennen.

Die Zeit von Immo gehört längst der Vergangenheit an. Die Ortschaft Immenstaad ist aber bis zum heutigen Tag eine ländliche Seegemeinde geblieben. Der Wein- und Obstanbau bieten den Menschen hier noch immer die zentrale wirtschaftliche Grundlage. Die Böden sind gut, das Klima ist mild und die Gletscher der letzten Eiszeit haben sehr schöne, tropfenförmige Hügel geformt, die sogenannten Drumline, auf denen eine Vielfalt von Obst- und Weinsorten prächtig gedeiht.

Der Hochberg bei Immenstaad ist ein 454 Meter hoher Drumlin. Er wurde im Jahr 2006 zum schönsten Aussichtspunkt Deutschlands ge-

▲ *Blick vom Hochberg über den Bodensee*

kürt. Und die Aussicht von hier oben ist wirklich fantastisch. Schon der Weg hinauf zum Drumlin ist zu jeder Jahreszeit ein Erlebnis. Im Frühjahr blühen die vielen Obstbäume in zauberhaftem Rosa und Weiß. Bald darauf sind im Frühsommer die ersten Kirschen prallrot und erntereif und wenige Monate später hängen dann die Bäume voller Zwetschgen, Birnen und Äpfel. Auf Hinweistafeln entlang des Wanderweges erfährt man Wissenswertes über die jeweiligen Obst- und Rebsorten. Durch diese Obst- und Weinanlagen führt der Weg immer bergauf bis zur Aussichtsplattform auf dem Drumlin. Schon von unten kann man die wehenden Fahnen, mit denen der Platz markiert ist, sehen. Oben flattern sie meist stolz im auflandigen Wind. Es gibt einige Sitzbänke, die an diesem idyllischen Ort zum Ausruhen und Verweilen einladen. Auf einer Panoramatafel kann man sich kundig machen, welche Orte und Berge sich dem Betrachter entlang des Sees und auf der gegenüberliegenden Seeseite präsentieren. Im Osten sieht man Friedrichshafen mit den markanten Zwiebeltürmen der Schlosskirche. Südöstlich davon erkennt man die maurische Silhouette von Schloss Montfort in Langenargen. Über dem schweizerischen Romanshorn erhebt sich der „Hohe Kasten" und über der Ortschaft Arbon die fast 3000 Meter hohe Schesaplana. Besonders bei Föhn ist die Aussicht in die Allgäuer, die Bregenzer und die Schweizer Alpen überwältigend. Säntis und Altmann sind circa 50 Kilometer entfernt und scheinen aber zum Greifen nah.

Die Bezeichnung Föhn stammt vom lateinischen Wort *favonius*, und bedeutet *lauer Westwind*. Über das Rätoromanische *favuogn* bzw. *fuogn* wandelte sich das Wort dann zum althochdeutschen *phonno* und dann zum heutigen Begriff *Föhn*. Charakteristisch für eine Föhnwetterlage im Bodenseegebiet ist die aus dem Süden kommende erwärmte und trockene Luft. Die milderen Temperaturen sind dann spürbar und eine markante Wolkenwand vor fast blauem Himmel ist ein sichtbares Zeichen. Die sogenannte Föhnmauer kann im Tagesverlauf zusammenbrechen und führt dann meist auf der Bodenseenordseite zu intensiven Niederschlägen. Der laue Westwind wird von vielen Menschen hier gefürchtet, weil er zu gesundheitlichen Beschwerden führen kann. Andererseits ist er der Grund für die faszinierende Fernsicht an solchen Tagen. Die Atmosphäre wirkt bei Föhn wie ein Vergrößerungsglas. Die Sicht auf die Berge ist grandios, sie erscheinen nicht nur größer, sondern auch zum Greifen nahe. Ohne ein Fernglas benutzen zu müssen, hat man die Bergstation auf dem Säntis klar vor Augen und jedes Schneefeld dort oben leuchtet so weiß herüber wie die Segel der Boote unten auf dem nahen Bodensee nicht weißer heraufblitzen können. Es ist, als ob der Föhn für kurze Zeit ein Fenster in die Ferne öffnet und so einmalige und eindrückliche Ausblicke ermöglicht. Dieses faszinierende Schauspiel bietet die Natur aber eher selten. Nur gut, dass sich der Weg hinauf zum Hochberg auch an allen anderen Tagen lohnt!

Man ist hier oben – hoch über dem Bodensee – weit weg vom geschäftigen Treiben in den Dörfern unten am See. Der Platz ganz oben auf dem Drumlin ist ein wahrer Kraftort. Der weite Blick über den Bodensee wirkt beruhigend und erholsam. Kein Lärm nervt. Lediglich das monotone Geräusch, das die endlos scheinende Autokarawane unten auf der Bundesstraße produziert, erinnert daran, dass die Zeit nicht stehengeblieben ist und die Auszeit hier auf dem Drumlin von nur vorübergehender Dauer sein kann. An Sommerabenden verströmen die Blüten des wilden Geißblattes, das hier üppig

◄ *Durch die Weinberge hinauf auf den Drumlin*

wächst, einen betörenden Duft, der sich mit dem der Lindenblüten auf das Angenehmste vermischt. Hier kann man die Zeit vergessen und das Hier und Jetzt genießen. Spätestens dann, wenn die Sonne untergeht, so als würde sie im westlichen Überlinger See abtauchen wollen, sollte man sich aber auf den Heimweg machen, wohl wissend, dass der Kraftort Hochberg jeden Tag aufs Neue zur Verfügung steht.

In der Umgebung

Der Immenstaader Apfel- und Weinspazierweg ist ein abwechslungsreicher Rundweg von sechs Kilometern Länge. Er führt durch das Obstanbaugebiet im Immenstaader Hinterland und ist zu jeder Jahreszeit ein Erlebnis. Auf diesem ruhigen Spazierweg durch eine abwechslungsreiche Landschaft werden gleich zwei ausgesucht schöne Kraftorte angesteuert: der Hochberg, der mit seiner fantastischen Aussicht lockt, und die Kirche von Frenkenbach als ein kulturelles Highlight in der Region (siehe Kraftort 7). Auf Informationstafeln entlang des Rundweges erfährt man viel Interessantes über den Obstanbau in der Bodenseeregion. An vielen Stellen eröffnet sich eine herrliche Aussicht auf den Bodensee und bei guter Fernsicht auf die österreicherischen und die Schweizer Alpen. Der Weg beginnt oberhalb des neuen Friedhofes von Immenstaad und ist durchgehend ausgeschildert.

Wegbeschreibung

Der kürzeste Weg zum Hochberg führt zunächst über die B 31 in Richtung Immenstaad. Bei Hersberg nach Ittendorf/Kippenhausen abbiegen. Nach einem Kilometer das Auto am Wegrand abstellen. Den Schildern „Hochberg" auf dem leicht ansteigenden Wanderweg folgen. Nach 700 Metern hat man das Ziel erreicht. Oder das Auto in Immenstaad beim neuen Friedhof abstellen und von dort der Beschilderung zum Hochberg folgen.

Ausblick auf die Stadt Lindau ▸

Lindau: Lindenhofpark in Bad Schachen

Von der Magie eines Bannspruchs

Im Lindauer Stadtteil „Bad Schachen" liegt direkt am Seeufer der Lindenhofpark. Er gehört mit seinem alten Baumbestand und der herrlichen Seelage zu den schönsten Parkanlagen im süddeutschen Raum. Zu jeder Jahreszeit präsentiert sich der Lindenhofpark auf ganz besondere Art und Weise. Im Frühjahr beeindruckt das frische Grün der Linden, im Sommer bieten die Dächer der alten Bäume schattige Rastplätze, im Herbst scheinen die Blätter der Blutbuchen zu glühen und im Winter beeindruckt ganz besonders das filigrane Geäst der Lindenallee. Im Park gibt es eine Halbinsel mit dem Grab des Parkgründers zu entdecken, einen kleinen Hafen, einen Teich und die Ruine des ehemaligen Wasserschlosses von Tegelstein, um das sich eine alte Sage rankt.

▼ *Die Ruine des einstigen Schloss Tegelstein*

Einst soll hier eine hochmütige und hartherzige Schlossherrin gelebt haben, die zwar ihre eigenen vier Kinder abgöttisch liebte, für das Volk aber nur Spott und Verachtung übrig hatte. Eines Tages klopfte eine arme Pächtersfrau, deren einzige Tochter verstorben war, an das Schlosstor und erbat von der Herrin ein paar Rosen für den Totenkranz des Kindes. Die Tegelsteinerin verweigerte aber der Frau den Wunsch, verhöhnte sie und meinte, dass Rosen ausschließlich den Edelfrauen zustünden. Tief gekränkt und in blindem Zorn stieß daraufhin die Pächtersfrau einen bösartigen Bannspruch aus: Alle Rosen der Herrschaft sollten in Zukunft nur noch zu Totenkränzen werden. Der Fluch erfüllte sich wenig später. Die vier Kinder aus dem Hause Tegelstein ertranken noch im selben Sommer bei einer Bootsausfahrt auf dem Bodensee. Der Sage nach ging die verzweifelte Mutter in den Garten, schnitt all die herrlich blühenden Rosen von den Stöcken und band sie zu Kränzen, die sie den toten Kindern aufs Grab legte. Bald darauf soll auch die verbitterte und einsame Schlossherrin selbst gestorben sein.

▲ *Zwei Wächter vor dem Eingang zum Hotelgarten*

Vor dem Hintergrund dieser schaurigen und nachdenklich stimmenden Sage meint man, bei einem Spaziergang durch den Lindenhofpark schon nach wenigen Metern die kraftvolle Magie des Ortes zu spüren. Hier ist nichts lieblich, zierlich, verspielt oder verträumt. Hier sind keine bunt blühenden und duftigen Blumenbeete zu entdecken, hier findet man keine romantischen Blütenrabatten und schon gar keine Rosen. Der Lindenhofpark beeindruckt durch die Einmaligkeit der exponierten Lage am See, durch die mächtigen alten Bäume, durch die klare Strenge der Allee und die wohlüberlegte Wegführung. Wer hier geht, findet nicht nur die außergewöhnliche Stille und Schönheit eines Kraftortes am See. Dieser Ort bietet auch eine wunderbare

Gelegenheit, sich selbst von Wut und Alltagsärger ganz absichtsvoll frei zu machen. Im Gehen wird man immer wieder – wie von selbst – an Stellen im Park geführt, die ablenken und bezaubernde Ausblicke auf andere Welten eröffnen: Da strahlt die blaue Weite des Sees; da präsentiert sich die Schönheit der mittelalterlichen Stadtkulisse von Lindau gleich gegenüber; da beeindruckt die Massivität der Schweizer Bergkette am anderen Ufer. Der Lindenhofpark ermöglicht den Besuchern zweierlei: intensive Konzentration beim Gehen und schönste Ablenkung beim Schauen. Entspannt, gestärkt und versöhnt kann man den Kraftort verlassen, um sich anschließend wieder mit frischem Elan auf den Alltag mit all seinen Anforderungen einzulassen.

In der Umgebung

In der klassizistischen Villa Lindenhof im Park ist seit 1980 das Friedensmuseum Lindau untergebracht. Die Pax Christi Bewegung, eine internationale katholische Friedensbewegung, ist Träger des Museums, in dem heute sogenannte Friedensräume die Besucher einladen, sich aktiv mit den dort ausgestellten Themengebieten zu befassen und auseinanderzusetzen.

Wegbeschreibung

Variante A: Bad Schachen liegt zwischen Wasserburg und Lindau, direkt am Bodensee-Radweg.
Variante B: Mit dem Schiff von Friedrichshafen bzw. Lindau aus (nur von Mai bis Oktober möglich); Anlegestelle Bad Schachen.
Variante C: Mit dem Auto über die B 31 nach Lindau und von dort der Beschilderung nach Bad Schachen folgen. Großer Parkplatz beim Seebad Lindenhof; von hier direkter Zugang zum Park.

◄ *Beschauliche Plätze kann man im Lindenhofpark immer wieder entdecken*

Lindau: Sternschanze

Das Geheimnis um eine sagenhafte Flucht

Lindau liegt am östlichen Ufer des Bodensees, wo sich die drei Länder Deutschland, Österreich und Schweiz geografisch sehr nahe kommen. Lindau ist eine der ganz alten und geschichtsträchtigen Städte am Bodensee bzw. im Bodensee, denn die historische Altstadt liegt auf einer Insel im See. Der älteste schriftliche Beleg für den Namen „Lindau" stammt aus dem Jahr 882. Ein Mönch von Sankt Gallen verfasste damals eine Urkunde, in der er auf eine kleine Frauengemeinschaft auf der Insel, auf welcher Lindenbäume wachsen, verwies. Diese frühe Frauengemeinschaft bildete die Urzelle des späteren Klosters und der mit dem Kloster verbundenen Peterskirche. Sie gehört zu den ältesten noch erhaltenen Bauwerken in Lindau und zählt mit ihrer Entstehung im Jahr 1000 überhaupt zu den ältesten Kirchen am Bodensee.

Noch viel weiter zurück reicht allerdings die Lindauer Legende von der Heiligen Aurelia. Sie führt in die Zeit der Christenverfolgung im 4. Jahrhundert hinein und weist uns direkt den Weg zum Kraftplatz an der Sternschanze. Von diesem exponierten Platz aus hat man eine direkte Sicht auf die sogenannten Hexensteine, zwei große Findlinge, deren Spitzen bei Niedrigwasser aus dem See herausragen. Die Legende berichtet von einer schönen jungen Römerin namens Aurelia, die in Bregenz, dem damals römisch besetzten Brigantium, lebte. Aurelia wurde wegen ihres Übertritts zum Christentum von der herrschenden Staatsmacht zum Tode verurteilt. Sie konnte den grausamen Häschern in allerletzter Sekunde durch eine eilige Flucht entkommen. Die Verfolger waren ihr schon bedrohlich nahe gerückt, das grausame Ende war schon absehbar. Da wandte sich das Mädchen in ihrer Not und unter Anrufung der heiligen drei Namen an ihren Christengott. Und siehe da: Es gelang ihr plötzlich, sich mit einem einzigen wunder-

◂ *Blick von der Sternschanze hinüber zum Lindenhofpark*

samen Riesenschritt von Bregenz bis nach Lindau über den großen Findling im See zu retten. Noch Jahrhunderte später heißt es, sei der Fußabdruck der Aurelia im Stein zu sehen gewesen. Man habe sie in Lindau als Heilige verehrt und ihr zu Ehren eine Kapelle erbaut, in der sie auch später begraben worden sei. Die Kapelle soll aber irgendwann einmal abgerissen worden sein, während die Hexensteine noch immer auf dem Grund des Bodensees liegen und bis auf den heutigen Tag zu sehen sind.

▲ *Treppenaufgang vorbei am Kraftort*

Was hat es nun mit der Legende um die Heilige Aurelia auf sich? Sehr wahrscheinlich gab es in Lindau tatsächlich eine Zeit der Aurelia-Verehrung. Ein konkreter Hinweis darauf ist im Lindauer Stadtmuseum zu finden. Dort wird ein Säulenkapitell aus dem 14. Jahrhundert ausgestellt, von dem man vermutet, dass es sich bei dem darauf abgebildeten Frauenkopf um eine Darstellung der Heiligen Aurelia handelt. Ganz sicher waren die auffälligen Steine im See von Bedeutung für die ersten Menschen, die hier siedelten. Sie wären sonst wohl kaum Gegenstand einer Legende geworden. Es bleibt zu vermuten, dass die Findlinge im See schon in vorchristlicher Zeit als Kultsteine verehrt wurden. Die frühen Versuche der ersten christlichen Missionare, die heidnischen Kultobjekte als Hexensteine zu verteufeln und so die Bevölkerung von deren Verehrung abzubringen, sind wahrscheinlich nicht besonders erfolgreich gewesen. Offensichtlich wagte man auch nicht, die Steine zu entfernen oder gar vor Ort zu zertrümmern. Durch die Legende der Heiligen Aurelia mag es schließlich gelungen sein, die „Steine des Anstoßes“ in das christliche Glaubensgebäude zu integrieren.

Jenseits all dieser Vermutungen kann man sich heute noch von der realen Existenz der Steine überzeugen und sich bei der Sternschanze von der außerordentlichen Schönheit des Kraftortes bezaubern lassen. Die Sternschanze liegt abseits der Altstadt im westlichen Teil der Insel, auf der sogenannten Hinteren Insel. Es ist ein kleiner Platz, ein Vorsprung wenige Meter hoch über dem See. Unter einer mächtigen alten Linde kann man Platz nehmen und die Aussicht genießen. Die beiden Hexensteine sind mit einem roten Seezeichen als Untiefe markiert. Der Blick kann von diesem Platz aus weit und ungehindert über die Steine hinaus über den Bodensee schweifen. Als wäre diese Aussicht nicht schon großartig genug, kann man von dieser Stelle aus sogar noch einen weiteren Kraftort sehen. Am nördlichen Festlandufer markiert das auffällige große Gebäude des alten Hotels „Bad Schachen" den seeseitigen Zugang zum Lindenhofpark (siehe Kraftort 9 „Lindenhofpark"). Obwohl die Sternschanze relativ stadtnah liegt und auch immer wieder Menschen die Treppe nutzen, die von der Stadt kommend zum großen Parkplatz führt, nimmt kaum jemand die Gelegenheit wahr, an diesem idyllischen Plätzchen jenseits der Treppen zu verschnaufen. Die meisten hetzen zwischen Stadtgang und Parkplatzsuche achtlos an diesem Kraftort vorbei.

Schade, denn dieser Platz ist wie kaum ein anderer durch seine stadtnahe Lage und am Übergang zum Parkplatz eine einzige Einladung, aus der Hektik des Alltags für einen kurzen Moment auszusteigen. An diesem Platz könnte man beispielhaft lernen, wie wohltuend es sein kann, wenn man absichtsvoll zwischen zwei Aktionen für einen Augenblick innehält. Von der zauberhaften Atmosphäre des Kraftortes erfrischt, belebt und wie neu gestärkt kann man nach einem solchen Zwischenstopp wieder beschwingt zur nächsten Aktion aufbrechen.

In der Umgebung

Von der Sternschanze aus führt ein schmaler und idyllischer Uferweg um die gesamte Hintere Insel (circa anderthalb Kilometer) bis zum Lindauer Hafen. Von dort ist es nicht mehr weit bis zum „Haus zum Cavazzen", einem reich bemalten Barockhaus am Marktplatz von Lindau. Dieses Gebäude gilt vielen als das schönste Bürgerhaus am Bodensee. Es beherbergt das Lindauer Stadtmuseum. In der Dauerausstellung mit Gemälden und Plastiken vom 15. bis zum 19. Jahrhundert befindet sich das Säulenkapitell, von dem vermutet wird, dass es die Heilige Aurelia zeigt.

Wegbeschreibung

Beliebig nach Lindau und hier den Schildern in Richtung „Lindau/Insel" und „Seeparkplatz" folgen. Der nordwestliche Seeuferweg führt über ein paar Treppen direkt zur Sternschanze.

Markdorf: Breitenbacher Kapelle bei Ittendorf

Einkehr nicht nur für Jakobspilger

Fährt man auf der Bundesstraße 33 von Stetten nach Ittendorf, sieht man auf der linken Seite das malerische Ensemble von Breitenbach, bestehend aus zwei großen Bauernhöfen und einer kleinen Kapelle. Breit und geradezu behäbig ruht die Kapelle eingebettet in der leicht hügeligen Landschaft. Breitenbach liegt an der Strecke des Jakobspilgerwegs, der von Würzburg über Ulm, Biberach, Ravensburg, Meersburg und von dort weiter nach Einsiedeln führt. Bereits im 16. Jahrhundert haben hier Pilger Station gemacht, die auf dem Weg ins nordspanische Santiago de Compostela zum Grab des Heiligen Jakob waren. Bei Renovierungsarbeiten wurden Rötelmalereien an den Kapellenwänden freigelegt, die eindeutig das Symbol der Jakobspilger, die Jakobsmuschel, zeigen. Aber auch andere „Kritzeleien", frühe Graffiti, haben sich erhalten. Im Mittelalter entwickelte sich Santiago de Compostela

▼ *Rötelmalereien, „Graffiti" von Pilgern aus dem 16. Jahrhundert*

▲ *Der schlichte Innenraum der Breitenbacher Kapelle*

zum dritten Hauptziel der christlichen Pilger – neben Rom und Jerusalem. Von überall her führten die Pilgerwege über die Pyrenäen nach Nordspanien und über die Königsstädte Pamplona, Burgos und Leon nach Santiago de Compostela. Der Europarat hat 1987 die Wege der Jakobspilger zur europäischen Kulturroute erhoben. Wie ein weitverzweigtes Netz überspannen die zahlreichen Pilgerwege alle europäischen Länder. Diese unzähligen Wege münden dann in Frankreich in vier Hauptrouten, die sich jenseits der Pyrenäen zum Hauptweg – dem spanischen „Camino de Santiago" – vereinen. Breitenbach liegt an dieser geschichtsträchtigen Kulturroute. Der Pilgerstempel in der Kapelle und die vielen Eintragungen im Gästebuch zeigen, dass sich nach wie vor auf dieser Wegstrecke Pilger bewegen.

In der Kapelle spürt man als Besucher auch heute noch den Geist der vielen Menschen, die sich hier schon aufgehalten haben. Freundlich, hell und bescheiden wirkt der Raum. Man fühlt sich geradezu eingeladen, sich niederzulassen, sich auszuruhen und zu verschnaufen. An diesem Kraftort fällt es leicht zu begreifen, dass schon viele Men-

Die idyllisch gelegene Kapelle von Breitenbach

schen vor uns hier waren und nach uns noch viele kommen werden. Wir sind alle nur für eine begrenzte Wegstrecke in diesem Leben unterwegs. Wir lernen zu begreifen, dass nichts im Leben ewig dauert – nicht die Freuden, aber auch nicht das Leid. Nutzen wir also jeden einzelnen Tag – *carpe diem*!

In der Umgebung

Von der nahen Ortschaft Stetten aus führt ein sieben Kilometer langer Rundweg nach Breitenbach. Man kann das Auto im Ortszentrum beim Gemeindehaus abstellen. Der Rundwanderweg ist gut ausgeschildert und führt zunächst durch das Waldgebiet „Weingarten". Hier gibt es noch einige Hügelgräber aus der Keltenzeit um 500 v. Chr. Die Hügel sind zwar zwischenzeitlich stark abgeflacht, aber dennoch deutlich als bis zu zwei Meter hohe Erhebungen zu erkennen. Es sind anschauliche Zeugnisse für die frühe Besiedlung der Region.

Wegbeschreibung

Breitenbach liegt nahe der B 33 zwischen Stetten und Ittendorf. Auf halber Strecke zweigt der Weg ab; dem Wegweiser folgen und das Auto am Wegrand abstellen.

Meersburg: Alte Eiche bei Baitenhausen

Ein Baumriese unter Zwergen

Im Wald zwischen Grasbeuren und Baitenhausen steht ein Naturdenkmal, das bisher noch nirgends offiziell als ein solches verzeichnet ist. Es ist eine alte Eiche, die ungefähr 40 Meter hoch gewachsen ist und deren mächtiger Stamm mehr als sechs Meter Umfang misst. Mit Wurzeln, die an Dinosaurierfüße erinnern, hat sich der riesige Baum fest im Waldboden verankert. Er steht umgeben von lauter schlanken Birken und Buchen, die im Vergleich zu ihm einen geradezu kümmerlichen Eindruck machen. Dieser Baum ist eben bisher noch nicht als Naturdenkmal offiziell eingestuft worden, es hat ihn aber auch noch niemand fällen wollen.

Bei diesem beeindruckend mächtigen Baumexemplar kann man erahnen, warum die Kelten die Eiche als einen heiligen Baum betrachteten. Im Baum war nach keltischer Vorstellung der Sitz der Götter. Die Bäume betrachteten sie als die Träger des Himmels und über sie konnten ihre Priester zu den Göttern sprechen. Die Priester der Kelten nannten sich Druiden, was nach einer verbreiteten Annahme so viel wie „die Eichenkundigen" bedeutet. Von Plinius dem Älteren wissen wir, dass den Druiden nichts heiliger war als eine Mistel, die auf einer Eiche wächst. Er berichtet von einer keltischen Zeremonie, bei der ein Druide in weißem Gewand auf die Eiche steigt und mit einer goldenen Sichel die Mistelzweige abschneidet. Unter der Eiche liegt ein ebenfalls weißes Tuch ausgebreitet, weil die Mistel nicht mit dem Waldboden in Berührung kommen darf. Ist die Mistel geborgen, sieht das Ritual noch die Opferung von zwei weißen Stieren vor. Im Bewusstsein der Bevölkerung waren solche Zeremonien tief verankert. Auch nach der Christianisierung waren sie im kollektiven Gedächtnis aufbewahrt und unvergessen. Noch heute finden sich in der Bodenseeregion Eichen, um die sich wundersame Legenden ranken. Meist hat sich eine

▲ *Die alte Eiche in einem Meer aus Bärlauch*

Heiligenlegende um den Baum entwickelt, wie das zum Beispiel bei der „Marien-Eiche" im Neidlingwald bei Pfullendorf der Fall ist. Bei der „Bildeiche" bei Hödingen (siehe Kraftort 24 „Bildeiche") wurde ein Heiligenbild am Baum angebracht und verehrt und bei der „Bildeichkapelle" von Esseratsweiler in der Gemeinde Achberg im Landkreis Ravensburg eine Kapelle vermutlich an der Stelle der einst heiligen Eiche errichtet.

Seit jeher geht von den alten, riesenhaften und knorrigen Bäumen eine Faszination für uns Menschen aus. Viele Märchen und Sagen ranken sich um Bäume, manche Eigenschaft wird ihnen archetypisch zugeschrieben. So steht die Eiche für die Stärke, die Härte und die Standhaftigkeit, das Beharrungsvermögen, die Ehrwürdigkeit und die Weisheit. Tatsächlich ist die Eiche durch ihre ausgeprägten Pfahlwurzeln stabil wie kein anderer Baum. Schwere Stürme können eine Eiche zwar spalten, aber niemals umwerfen. Vielleicht haben genau deswegen die alten Germanen den Wohnort ihres gefürchteten Donnergottes Donar in den Eichen vermutet.

Eichen können sehr alt werden, wahrscheinlich 1000 Jahre und mehr. In unseren heutigen Wirtschaftswäldern werden die Bäume allerdings nach spätestens hundert Jahren abgeholzt. Die Eiche im Baitenhauser Wald nimmt aber vermutlich eine Sonderstellung ein. Während ihre Baumkollegen um sie herum wohl regelmäßig gefällt werden, wird dieser Baum respektvoll umgangen, er darf weiter wachsen.

Um diesen Baum und seine Umgebung als Kraftort zu begreifen, muss man die dicke, verwitterte Rinde der alten Eiche anfassen, den Baum erspüren und so sein hohes Alter buchstäblich zu „begreifen" versuchen. Der mächtige Stamm und die natürlichen Sitzgelegenheiten, die durch die dicken Wurzeln entstanden sind, bieten sich zum Anlehnen und Sitzen an. Im Frühjahr, wenn der Bärlauch zu wachsen beginnt, bietet dieser Kraftort ein zusätzliches Geschenk an. Zunächst einmal wächst rund um die Eiche ein Meer von grünen Bärlauchpflanzen. Nur wenige Wochen später zeigen sich dann weiße sternförmige Blüten, die den ganz speziellen lauchigen Duft verbreiten. Das ist ein Kraftort, der nicht nur die Augen anspricht, sondern auch den Tast- und den Geruchssinn auf das Angenehmste verwöhnt.

In der Umgebung

Am schönsten lässt sich dieser Kraftort im Bodenseehinterland auf einer circa 15 Kilometer langen Radrundtour von Mühlhofen aus entdecken. Man startet vom Parkplatz des Hallenbades von Mühlhofen und fährt über Schiggendorf nach Baitenhausen. Dort muss man ein kurzes Stück auf der Landstraße in Richtung Grasbeuren fahren, bis ein Feldweg rechts in den Wald hineinführt. Nach der nächsten Kreuzung ist der Kraftort schon erreicht. Weiter geht es durch den Wald nach Ahausen, Grasbeuren und über Mimmenhausen wieder zurück nach Mühlhofen.

Wegbeschreibung

Beliebig nach Baitenhausen (fünf Kilometer nördlich von Meersburg). Von hier auf der Landstraße K 7761 in Richtung Grasbeuren. Auf halber Strecke zwischen den beiden Ortschaften führt ein Feldweg rechts ab in den nahen Wald (Durchfahrt ab hier gesperrt). Nach 500 Metern überquert man im Wald eine Wegkreuzung, geht geradeaus weiter und nach weiteren 50 Metern sieht man bereits auf der rechten Seite die alte Eiche.

Meersburg: Fürstenhäusle

Auf der Suche nach dem Zauberwort der Dichterin

Annette von Droste-Hülshoff gilt als eine der bedeutendsten deutschen Dichterinnen. Einige Lebensjahre hat sie in Meersburg am Bodensee verbracht. Hier hat sie gedichtet, hier hat sie Grundbesitz erworben, hier ist sie gestorben und begraben. Die Meersburger verehren ihre berühmte Dichterin, die 1797 auf Burg Hülshoff bei Münster in Westfalen geboren wurde. In den Biographien wird Annette von Droste-Hülshoff als stets kränkelndes, stilles und introvertiertes Kind beschrieben. Auch in den jungen Erwachsenenjahren lebte sie sehr zurückgezogen und widmete sich in erster Linie der Schriftstellerei. Ihre ältere Schwester Maria Anna, genannt Jenny, heiratete den Freiherrn Joseph von

▾ *Das Fürstenhäusle in Meersburg*

Laßberg, den damaligen Eigentümer der Burg von Meersburg. Annette hielt sich bei Schwester und Schwager häufig zu Besuchen auf und siedelte 1841 ganz nach Meersburg über. Im November 1843 ersteigerte sie vom Honorar für ihre Gedichtsammlung das sogenannte Fürstenhäusle in den Weinbergen über der Stadt Meersburg. Das kleine Häuschen wurde um 1600 als Gartenhaus von einem Konstanzer Domherrn errichtet und von seinen Nachfolgern, den Fürstbischöfen von Konstanz, über 200 Jahre lang als kleiner, feiner und privater Rückzugsort genutzt.

▲ *Sommeridylle im Garten*

Die Droste war glücklich über den Kauf des Häuschens. Erstmals in ihrem Leben verfügte die damals 46-jährige über persönliches Eigentum und damit auch über eine private Rückzugsmöglichkeit. Zu ihrer Zeit gehörte es zu den vordringlichen Lebensaufgaben einer unverheirateten Frau, sich der Pflege der Familienangehörigen, der Alten, der Kranken und der Wöchnerinnen in der Familie zu widmen und den Familienmitgliedern bei allen anfallenden Aufgaben zur Hand zu gehen. Das galt auch für die unverheiratete Annette. Als der Vater verstorben war, übernahm einer der beiden Brüder den Familienbesitz. Die knapp 30-jährige Annette zog mit der Mutter auf deren Witwensitz. Als ledige Tante war sie bald ein häufiger und gern gesehener Gast im Haus des Bruders, wo es eine 13-köpfige Kinderschar zu betreuen gab. Eine weitere Adresse, an der sie sich häufig aufhielt, war die Burg in Meersburg, wo ihre Schwester mit Mann und zwei Kindern lebte. Im November 1843 stand das Fürstenhäusle zur Versteigerung an. Das kleine Gartenhaus ging in der Säkularisation 1804 an das Haus Baden über. Der Weinberg wurde zwar weiterhin bewirtschaftet, das Gartenhäuschen aber seither nicht mehr genutzt. Entsprechend miserabel war der bauliche Zustand. Außer der Droste war niemand an der renovierungsbedürftigen Immobilie interessiert. So gelang es ihr, das Häuschen mitsamt dem Weinberg darum herum zu ersteigern und damit zur Haus- und Grundbesitzerin in Meersburg zu werden. Diese Tatsache versetzte die Droste in eine kolossale Hochstimmung. Sie schmiedete eifrig Pläne, wie sie das kleine Anwesen wieder herrichten und später dann einrichten wollte. Um das Haus herum beabsichtigte sie eine Blumenterrasse mit Georginen, Rosen und Levkojen anzulegen. Das Wasser zum Trinken, Kochen und Gießen wollte sie von der nahen Quelle holen. In einem langen Brief an ihre Freundin Elise Rüdiger beschreibt sie in aller Ausführlichkeit das Haus und die Aussicht, die sie von dort oben genießt. Fast zu schön sei die Sicht auf die Stadt Meersburg hinunter und fast schon zu schrankenlos, was die Fernsicht beträfe. Lange konnte sie allerdings dieses Refugium nicht genießen. Kein einziges Mal übernachtete sie in dem kleinen Zimmer, das sie als ihre „Dachshöhle" bezeichnete. Das Häuschen wurde nie wirklich bewohnt. Ihr gesundheitlicher Zustand verschlechterte sich von Jahr zu Jahr zunehmend und schon fünf Jahre später, im Mai 1848, verstarb Annette von Droste-Hülshoff auf der Burg in Meersburg.

Das Fürstenhäusle, das mittlerweile ein kleines Museum für die Dichterin beherbergt, liegt aber nach wie vor und fast unverändert

▼ *Blick auf Meersburg*

Am Eingang
zum Droste-Museum ▸

hoch droben über der Stadt und inmitten des Weinbergs. Auch die Treppe, die von der Straße hinauf zum Haus und mitten durch die Reben führt, ist noch so, wie von ihr im Jahr 1843 beschrieben.

Der Blick auf die Stadt und die Umgebung ist von hier oben einmalig. Man sieht auf die Dächer der historischen Altstadt hinunter, hat den markanten Turm der alten Burg vor Augen und die barocke Kulisse des neuen Schlosses. Auf dem Bodensee sieht man die Fähren nach Konstanz hinüber pendeln, man sieht die Insel Mainau und das schweizerische Bodenseeufer. Bis auf den heutigen Tag hat sich der einstige Zauber dieses Ortes, den die Dichterin so anschaulich beschreibt, erhalten. Selbst in den Sommermonaten, wenn sich unten in der Stadt Heerscharen von Touristen durch die Gassen drängen, bleiben das Fürstenhäusle und der Platz darum herum eine Oase der Ruhe und der Beschaulichkeit. Dann stellt die Museumsverwaltung Tische und Stühle in den Garten und legt Literatur über Meersburg und die Droste leihweise zum Lesen bereit. Ohne die Verpflichtung, das Museum besuchen zu müssen, kann man hier ein schattiges Plätzchen zum Schmökern, zum Träumen und Entspannen finden. Aber auch in den Wintermonaten lohnt sich der Weg hinauf zum Fürstenhäusle. Das Museum macht Winterpause, die Fensterläden und Türen sind geschlossen und die winterliche Ruhe und Einsamkeit verbreiten einen ganz einmaligen Charme. Wer die ruhigen Winterstunden der sommerlichen Betriebsamkeit vorzieht, findet auch dann hier oben einen Kraftort von eindrücklicher Schönheit und erholsamer Stille.

In der Umgebung

Das Wahrzeichen der Stadt Meersburg ist die markante alte Burg hoch oben über dem See. Sie gilt als die älteste bewohnte Burg Deutschlands. Ihre Anfänge werden im 7. Jahrhundert vermutet. Die Burg ist ganzjährig geöffnet und kann in großen Teilen besichtigt werden. Der Rundgang führt durch einen mittelalterlichen Wohntrakt, einen prachtvollen Rittersaal und eine Waffenhalle. Der Weg lässt auch das schaurige Burgverlies nicht aus, streift die Brunnenstube, die Burgküche und die Kapelle.

Wer nach dem Besuch des Kraftortes beim Fürstenhäusle angeregt wurde, mehr Atmosphärisches über die Dichterin Annette von Droste-Hülshoff zu erfahren, dem ist ein Burgbesuch besonders zu empfehlen. Beim Rundgang durch die Burg kann man auch das Arbeits- und Sterbezimmer der Droste besuchen. Im Gegensatz zum Fürstenhäusle, das sie zwar erwarb, aber nie bewohnte, hielt sich die Dichterin auf der Burg tatsächlich viele Male auf. In diesen Räumen lebte, schrieb und starb sie.

Wegbeschreibung

Beliebig nach Meersburg. Parkplätze sind ausgeschildert, aber in den Sommermonaten knapp. Aus der Unterstadt kommend muss man leider einige Meter entlang der vielbefahrenen Stettener Straße in öst-

▲ *Ein einmaliger Platz zum Verweilen und Tagträumen*

licher Richtung gehen, bis auf der linken Seite ein Hinweisschild auftaucht, das zum Treppenaufgang hinauf zum Fürstenhäusle weist. Wenn dieser Aufgang in den Wintermonaten (Oktober bis April) geschlossen ist, führt ein Weg circa 70 Meter weiter die Straße aufwärts zum Ziel.

Eine sehr empfehlenswerte Alternative des Zugangs führt über den Höhenweg vom großen Sommertal-Parkplatz in der Nordstadt aus. Von dort führt ein ruhiger Wanderweg über den Droste-Hülshoff-Weg zunächst in einer großen Schleife durch den Wald und dann über den Himmelbergweg weiter in Richtung Unter- oder Oberstadt. Viele Bänke laden hier zum Ausruhen und zur Aussicht auf den Bodensee ein. Weiter zur Stettener Straße. Ab hier wie in der Beschreibung oben (Wegstrecke insgesamt circa drei Kilometer).

Meersburg: Maria zum Berge Karmel in Baitenhausen

Schön wie der Mond und auserwählt wie die Sonne

Die kleine barocke Marienwallfahrtskirche von Baitenhausen wurde um 1700 auf einer Anhöhe des Dorfes nördlich von Meersburg erbaut. Die Ortschaft ist aber schon viel älter, denn bereits im Jahr 1169 wird in einem Dokument ein Priester namens Heinrich erwähnt, der in *Bettinhusen* eingesetzt war. Daraus wurde dann im Verlauf der Zeit Baitenhausen. Die exponierte Lage des Kirchleins, ganz oben auf dem 500 Meter hohen Hügelplateau, die Marienverehrung an diesem Ort und auch der Ortsname geben Anlass zu der Vermutung, dass hier – wie zum Beispiel auch in Betenbrunn (siehe Kraftort 4 „Wallfahrtsort") – in vorchristlicher Zeit ein Kultplatz war, an dem die keltischen Muttergöttinnen, die Bethen, verehrt wurden.

▼ *Querhausfresko: „Blick in den Linzgau"*

Bethen-Kultplätze wurden bevorzugt an Quellen oder auf Hügeln bzw. Bergen errichtet. Das waren in der Glaubensvorstellung der Kelten die Orte, die als Kultorte die Göttinnen am besten repräsentierten. Ihnen meinten sie für das lebensnotwendige Wasser an den Quellen opfern und danken zu müssen. Andererseits wussten sie um die Kraft des Sonnenlichts, ohne das kein Leben und Wachsen auf der Erde möglich wäre, und wählten die Plätze auf den Bergen und Hügeln als diejenigen Kultplätze aus, die der verehrten Sonne am nächsten kommen. Solche Heiligtümer gab es zur Keltenzeit in großer Zahl. Vermutlich hatte jede Dorfgemeinschaft ihren eigenen Kult- und Opferplatz.

▲ *Marienwallfahrtskirche von Baitenhausen*

Auch im Salemer Tal lebten einst Kelten. Nur wenige Kilometer entfernt von Baitenhausen gibt es im Hardtwald bei Salem noch heute zahlreiche Hügelgräber aus der Keltenzeit. Allerdings gibt es zwar diese Zeugnisse für die einstige Existenz der Kelten, ihre Siedlungsspuren sind aber bis heute nicht entdeckt worden. Durchaus vorstellbar ist, dass eines ihrer Heiligtümer auf dem heutigen Baitenhauser Schlossberg lag und der Ortsname auf die Bethen zurückgeht. Nach den Kelten kamen die Römer. Und von den Römern wissen wir, dass sie die Muttergottheiten der Kelten übernahmen und sie weiterhin unter der Bezeichnung *Matres* oder *Matronae* verehrten. Für die Matronen wurden mancherorts auch Weihesteine errichtet, die sich bis zum heutigen Tag erhalten haben. Ungefähr 800 Opfersteine wurden im einstmals gallo-römischen Siedlungsgebiet bisher gefunden. Auf diesen Steinen wurden die Matronen fast ausschließlich als sitzende, weibliche Dreiheit dargestellt. Rechts und links von einem jungen Mädchen sitzt üblicherweise eine jeweils deutlich ältere Frau. Diese Darstellungsform gab den Archäologen zu der Vermutung Anlass, dass es sich um die Veranschaulichung der weiblichen Genealogie von „jungem Mädchen", „erwachsener Frau" und „Großmutter" bzw. „alter Frau" handeln könnte. Im Gegensatz zu den Kelten haben die Römer auch Inschriften auf den Steinen hinterlassen. Daraus geht hervor, dass die Matronen um Schutz und Segen angerufen wurden.

Leider wurden in der Bodenseeregion bisher keine Matronensteine gefunden. Aber Spuren der Besiedlung durch die Römer sind zahlreich vorhanden. Auch für die römische Besiedlung ganz in der Nähe von Baitenhausen gibt es Spuren. So wurden 1954, auf dem Schlossbühl genannten Nordwesthang bei Oberuhldingen, die Reste eines römischen Gutshofes aus dem 2. oder 3. Jahrhundert entdeckt.

Vermutlich wurden auch noch in den frühen Jahrzehnten und Jahrhunderten der Christianisierung viele der vorchristlichen Kultplätze von den Menschen weiterhin aufgesucht. Etliche Tempel, Altäre und Opfersteine wurden zerstört. Einige der alten heidnischen Glaubenszeugen wurden aber auch der Einfachheit halber beibehalten und lediglich mit neuen Glaubensinhalten belegt. Sowohl im katholischen Marienkult als auch in der Verehrung der Heiligen Anna (insbesondere in der Personen-Dreiheit als Anna selbdritt) finden sich Hinweise, die zu den vorzeitlichen Göttinnen und Urmüttern zurückführen. Es bleibt zu vermuten, dass einige unserer alten Marien-Wallfahrtsorte in den uralten Kulttraditionen verwurzelt sind. Auch für Baitenhausen ist eine solche Traditionslinie nicht ausgeschlossen.

In der Baitenhauser Kirche gibt es ein außergewöhnliches Deckenfresko, auf dem die Landschaft außerhalb abgebildet ist. Man sieht über das Salemer Tal bis Markdorf und auf den Gehrenberg, links die Kirche von Bermatingen, rechts das Schloss von Ittendorf und im Vordergrund die Ortschaft Baitenhausen. Über der Szene schwebt ein Spruchband mit der Zeile aus dem alttestamentlichen Hohelied: „Schön wie der Mond – auserwählt wie die Sonne."

Wie eine Hommage an die Landschaft, die sich außerhalb der Kirche auch noch nach 200 Jahren fast genauso präsentiert, erscheint dieses Fresko. Eine Hommage an die Landschaft, an die Natur, an die Mutter-Göttin, an die Mutter Erde.

Baitenhausen ist ein Kraftort in einer ruhigen, ländlichen Umgebung. Eine riesige Kastanie steht vor der Kirche, eine Bank lädt zum Verweilen ein. Der Blick reicht weit über das Salemer Tal und findet angenehmen Halt in der landschaftlichen Umrandung durch den Höhenzug des Heiligenbergs. Die Landschaft scheint die Empfindung von Geborgenheit, die sich in dem kleinen, hellen und freundlichen Kirchenraum schnell einstellt, widerzuspiegeln. Es ist ein stiller und beschaulicher Ort: drinnen wie draußen. Ein Ort, an dem man selber auch still werden kann.

In der Umgebung

Im Hardtwald bei Salem-Stefansfeld gibt es einen Grabhügelfriedhof aus der Keltenzeit. Er ist als Kulturdenkmal von besonderer Bedeutung im Denkmalbuch des Landes Baden-Württemberg eingetragen. Noch heute sind 19 Grabhügel gut erkennbar in drei Gruppen angeordnet. Einige der Hügel sind bis zu drei Meter hoch. Bereits im 19. Jahrhundert wurden die Gräber archäologisch untersucht. Man fand vor allem Gefäße aus der Hallstattzeit. Die Salemer Funde sind im Badischen Landesmuseum in Karlsruhe ausgestellt.

Wegbeschreibung

Baitenhausen befindet sich ungefähr fünf Kilometer nördlich von Meersburg. Die Kapelle liegt auf dem Schlossberg über der Ortschaft, der Weg dorthin ist ausgeschildert.

Meßkirch: Dianatempel

Archäologisches Stiefkind im finsteren Wald

Die Gegend um Meßkirch beherbergt zwei bedeutende archäologische Bodendenkmale. Da ist zum einen eine gut erhaltene keltische Viereckschanze im Wald bei Meßkirch-Heudorf und zum anderen liegen – ungefähr fünf Kilometer westlich von Meßkirch – kurz nach dem Ortsteil Heudorf im Waldstück „Bändlehau" die Reste eines ehemaligen römischen Gutshofes. Er stammt wahrscheinlich aus dem letzten Drittel des 1. Jahrhunderts n. Chr. und gilt, mit einer Fläche von fast acht Hektar, als das größte römische Landgut in Südwestdeutschland. Der Gutshof, auch *Villa rustica* genannt, war von einer Mauer umgeben. Das große Herrenhaus, von dem zwei Räume über eine Hypokaustanlage beheizt werden konnten, stand in der Mitte des Areals. Von den weiteren 17 Steingebäuden konnten zwei als ebenfalls beheizbare Thermen identifiziert werden. Vermutlich war der Gutshof bis zu den Alemannenvorstößen im ersten Drittel des 3. Jahrhunderts von Römern bewohnt. Aufgrund des schlechten Erhaltungszustandes

▾ *Die Reste des römischen Dianatempels*

der Anlage entschloss man sich in den 1970er Jahren, nicht die ganze Anlage, sondern lediglich den kleinen Tempel zu rekonstruieren und für die interessierte Bevölkerung zugänglich zu machen.

Diesen Tempel baute der römische Besitzer der *Villa rustica* damals knapp 60 Meter von seinem Gutshof entfernt. Er weihte ihn der zu jener Zeit von den Römern hoch verehrten Göttin Diana. Diana war in der römischen Mythologie die Göttin des Mondes, der Fruchtbarkeit und der Jagd. Sie wurde als Beschützerin der Frauen und Mädchen verehrt, sie wurde um Fruchtbarkeit und als Helferin beim Gebären angerufen.

▲ *Römischer Weihestein im Waldtempel*

Der Tempel hat einen fast quadratischen Grundriss mit ungefähr vier Meter Seitenlänge. Er war einst mit Ziegeln gedeckt und sein Fußboden mit Ziegelplatten belegt. Gesimse und Fensterbögen waren mit sorgfältig bearbeiteten Tuffsteinen ausgestattet. Zumindest bis zum Sockel war der Bau aus Kalkstein errichtet. Bei den Ausgrabungen fand sich auch ein sehr gut erhaltener Weihestein, der vermutlich im Tempel aufgestellt war. Das Original steht heute in den Fürstlich Fürstenbergischen Sammlungen in Donaueschingen, die Kopie ist im Waldtempel zu bewundern. Die Inschrift auf dem Altarstein ist gut erhalten. Sie lautet:

Diana(e)
Sacrum
M(arcus) Aurel(ius)
Honoratus
Pancratius
v(otum) s(olvit) l(ibens) l(aetus) m(erito)

Übersetzt heißt das: „Marcus Aurelius Honoratus Pancratius hat der Diana einen Altar errichtet, indem er sein Gelübde froh und frei und nach Gebühr erfüllt hat."

Pancratius war vermutlich der Besitzer des Gutshofes und damit auch der Erbauer des Tempels. Die Inschrift auf der Steinsäule macht neugierig und wirft viele Fragen auf. Warum erbaute er den Tempel? Wie lautete sein Gelübde? Welcher Wunsch wurde ihm erfüllt? Wir werden niemals Antworten finden. Und doch geht aus den Zeilen hervor, dass sich hier vor vielen Jahrhunderten ein Mensch als zuverlässig und dankbar erweisen wollte. Froh muss er gewesen sein, erleichtert und von einer großen Sorge und Last befreit.

An diesem stillen Kraftort – verborgen im Wald von Meßkirch – bekommen wir eine Vorstellung davon, dass die Menschen aller Jahrhunderte schon immer einen Ort im Leben gebraucht haben, an den sie sich zurückziehen konnten, an dem sie ihre Dankbarkeit, aber auch ihre Freude, vielleicht auch ihre Enttäuschung und ihre Trauer leben und zum Ausdruck bringen konnten. Auch wir modernen Menschen brauchen solche ruhigen Rückzugsorte, an denen es leichter als anderswo gelingen kann, zu sich selber zu kommen. Immer dann, wenn sich besondere Geschichten um einen Kraftort ranken, tragen diese auch zur speziellen Atmosphäre am jeweiligen Ort bei. Dem Text auf dem römischen Opferstein kann man sich auch fast 2000 Jahre nach dessen Entstehung nicht entziehen. Ähnlich intensiv wirkt auch immer wieder die unmittelbare Umgebung am Kraftort. Ob Höhle oder Berg, Hügel oder Ebene, Wasser oder Wald: Jede Umgebung wirkt auf ihre ganz besondere Weise.

Hier in Meßkirch liegt der Kraftort mitten im Wald. Er ist nicht leicht zu finden, die Wege dorthin sind überwuchert und nicht gepflegt. Im Sommer wachsen hier hohe Stauden, Brombeergestrüpp und Brennnesseln. Besonders die Brennnesseln, die bevorzugt auf kalkhaltigem Boden gedeihen, können als ein Hinweis darauf gedeutet werden, dass hier noch eine Menge Bauschutt im Boden liegt. In diesem speziellen Fall in Meßkirch wird es sich nicht um gewöhnlichen Bauschutt, sondern wahrscheinlich um die Überreste der römischen Villa handeln. Dieser Gedanke ist zwar interessant, macht aber den Weg nicht wirklich angenehmer. Zum Glück ist der Trampelpfad durchs manns-

▲ *Auf dem Weg zum Dianatempel*

hohe Gestrüpp nicht sehr lang. Wer sich die ersten mühsamen hundert Meter durchgeschlagen hat und jetzt das kleine gelbe Hinweisschildchen an einer Tanne nicht übersieht, wird sich wundern, dass die noch anstehenden hundert Meter bis zum Tempel ganz ohne die lästigen Brennnesseln auf einem schönen Waldweg zu bewältigen sind. Man sieht die gedrungene Einfriedung und den Opferstein darin schon von weitem. Nach der ersten mühsamen Weghälfte ist es jetzt ein Vergnügen, auf dem Waldweg direkt zur Tempelruine geführt zu werden. Auch hier am Tempel gibt es nur noch ganz vereinzelte Brennnesseln, dafür aber eine Fülle von Frauenfarn. Wie eingebettet in einem Meer aus lichten grünen Farnwedeln liegt der Tempel hier im Wald. Nur wenige Sonnenstrahlen lassen die Laub- und Nadelbäume durch. Außer dem Gezwitscher von Waldvögeln ist kein Geräusch zu hören. Es ist ganz still hier, ganz einsam, ganz besonders. Es gibt keine Sitzbank, so dass man sich für einen kurzen Moment der Besinnung direkt auf die kniehohe Tempelmauer setzen kann. Es ist kein Ort, um lange zu verweilen; aber es ist ein Ort, dessen einzigartiges Flair schnell in seinen besonderen Bann zieht. Wenn es dann noch gelingt, in der Stille und Abgeschiedenheit des Waldes selber zur Ruhe zu kommen, erfährt man einmal mehr die belebende Wirkung des Kraftortes. Bereichert durch die besondere Erfahrung kann man sich getrost wieder auf den steinigen und nesselnden Rückweg machen. Vielleicht erleben wir sogar, dass wir mit leichterem Herzen, etwas froher und zuversichtlicher in den Alltag zurückkehren werden.

In der Umgebung

Die Ruinen des Gutshofes bei Meßkirch sind ein Beweis für die Anwesenheit von Römern im ersten nachchristlichen Jahrhundert. Die Besiedlung der Region reicht allerdings viel weiter in die Vorgeschichte zurück. So finden sich Reste einer keltischen Viereckschanze im Wald bei Meßkirch-Heudorf, etwa ein Kilometer nördlich der Kirche von Heudorf im Waldgebiet „Birkstock". Die Anlage ist sehr gut erhalten und besitzt einen annähernd rechteckigen Grundriss von 90 mal 70 Meter. Die Höhe des äußeren Walls beträgt noch immer circa einen Meter.

Wegbeschreibung

Beliebig nach Meßkirch und weiter auf der Landstraße L 311 in Richtung Tuttlingen; beim ersten beschilderten Parkplatz hinter Heudorf von der L 311 abbiegen und das Auto abstellen. Ungefähr 50 Meter parallel zur L 311 in Richtung Heudorf gehen; dann nach links in den Wald hinein abbiegen und hundert Meter weitergehen. An einer Tanne am linken Wegrand ist ein kleines gelbes Hinweistäfelchen angebracht, das nach rechts zum Dianatempel in den Wald hinein verweist. Dem ungepflegten und verwachsenen Trampelpfad hundert Meter geradeaus in den Wald hinein folgen bis zum nächsten Hinweistäfelchen; hier nach links abbiegen und circa hundert Meter weitergehen bis zum Tempel; alternativ bietet sich ein markierter, elf Kilometer langer Wanderweg vom Stadtzentrum Meßkirch aus an.

Pfullendorf: Historischer Friedhof

Ein Ort voll Stille und Melancholie

Vom Anbeginn der Menschheitsgeschichte an gab es die würdige Bestattung der Toten. Alle Kulturen kannten zu allen Zeiten besondere Bestattungsrituale und ausgesuchte Bestattungsorte. Von unseren direkten vorgeschichtlichen Vorfahren, den Kelten, wissen wir, dass sie ihre Toten in großen Grabhügeln niederlegten und mit Alltagsgegenständen für das Weiterleben im Jenseits ausgestattet haben. Bis auf den heutigen Tag sind viele dieser Hügel in der Bodenseeregion – insbesondere in Waldgebieten, die der Einebnung durch den Pflug entgangen sind – erhalten geblieben. Die Alemannen beerdigten ihre Toten in Reihengräbern, von denen ebenfalls in der Bodenseeregion einige entdeckt worden sind (so zum Beispiel bei Bruckfelden). In christlicher Zeit wurden dann Friedhöfe direkt bei der Kirche angelegt. Als im Mittelalter die Bevölkerung zunahm und die Friedhöfe in den größer werdenden Städten nicht mehr alle Toten aufnehmen konnten, wurden auch Friedhöfe vor den Stadtmauern eingerichtet.

▼ *Ort der Stille hinter hohen Mauern*

Einen solchen alten Friedhof jenseits der Stadtmauern gibt es auch in Pfullendorf. Sein Eingang befindet sich unweit des oberen Stadttores. Die alte Friedhofskapelle, die erstmals 1401 schriftlich erwähnt wird und dem Heiligen Leonhard geweiht ist, markiert mit ihrem schönen, spitz zulaufenden Fachwerkgiebel den Eingang. Im Jahr 1551 wurde der Friedhof angelegt. Eine breite, hohe Mauer umgibt diesen Ort der Ruhe und trennt ihn von der Hektik und dem Alltag der Stadtbewohner. Die Mauer, ziegelgedeckt und mit Zinnen versehen, erinnert an eine mittelalterliche Burgmauer und verleiht dem alten Friedhof zusätzlich die Ausstrahlung eines sicheren und geschützten Ortes. Seit vielen Jahren wird dieser alte Teil des Pfullendorfer Friedhofes nicht mehr belegt. Seine Planer haben ihn aber nicht vom neuen Teil abgeschnitten, sondern nur durch eine Buchenhecke getrennt. Man steht in Sichtkontakt zum neuen Friedhof, verliert also den Bestimmungsgrund dieses besonderen Ortes nicht aus dem Auge, wenn man jetzt durch den Park schlendert.

Schon das Betreten des Parks durch den Torbogen nahe der Kapelle ist beeindruckend. Man spürt sofort das Eintauchen in eine andere Welt. Schmale Wege führen durch das Gelände. Hier ist es ruhig, grün, fast überall schattig. Nur an wenigen Stellen schafft es die Sonne, ungehindert durch die Baumwipfel zu dringen. Fast überall zaubert sie aber bewegte Schattenspiele auf das Grün der Blätter und der Wiese.

▼ *Schattige Wege führen durch den außergewöhnlichen Park*

Alte Grabsteine stehen über das gesamte Gelände verteilt. Es sind Zeugnisse aus der Vergangenheit und Meisterwerke alter Steinmetzkunst. Manche Grabsteine ruhen einzeln in der Wiese, andere sind in Reihen aufgestellt worden. Eine Reihe von sieben besonders schönen Steinen wurde in ein einfaches Kiesbett gesetzt – ein gestalterischer Einfall, der die schlichte Schönheit der von Steinmetzhand bearbeiteten Steine noch unterstreicht. Zum Teil sind sie so stark von Efeu eingewachsen, dass sich ganz neue, sich stetig verändernde grüne Skulpturen entwickelt haben. Es gibt Grabmale, auf denen die Namen der Verstorbenen zu erkennen sind, und andere, die so stark verwittert sind, dass nichts mehr auf die Menschen hinweist, denen sie einst gewidmet waren. Einige besonders schöne Exemplare wurden in die Friedhofsmauer eingearbeitet. Schmale Wege führen durch den Park, hohe alte Bäume beschatten das Gelände. Ein paar Bänke laden in dieser grünen stillen Oase zum Ausruhen ein. Man hört das Gezwitscher der Vögel in den Bäumen, man sieht vielleicht sogar ein Eichhörnchen eiligst einen der dicken Stämme hinaufklettern und riecht den intensiven Duft von Moos, das sich im Schatten der Baumkronen ausgebreitet hat.

▲ *Steinmetzkunst aus vergangener Zeit*

Friedhöfe sind Orte der Erinnerung und der Trauer. Sie sind aber auch Orte der Zeitgeschichte, der Tradition, der Rituale und der Würde. Auf Friedhöfen wird nicht laut gesprochen, hier ist man nicht ausgelassen, hier wird nicht laut gelacht, hier will niemand auffallen und sich in Szene setzen. Es sind Orte der Ruhe und des Friedens.

Die Aura des Friedens und der Melancholie, die er verbreitet, machen den alten Pfullendorfer Friedhof zu einem ganz besonderen Ort – und das nicht nur im November, wenn wir traditionell unserer Toten gedenken. Auch zu jeder anderen Jahreszeit ist er ein Ort von schöner

▲ *Kapelle St. Leonhard am Friedhofseingang*

Herbheit. Das *carpe diem*, die Aufforderung, den Tag zu nutzen, weil niemand weiß, ob er den nächsten noch erlebt, wird beim Gang durch diesen „Gottesgarten" bei jedem Schritt gegenwärtig. Ein Ort, der nicht die Angst vor dem Tod schürt, sondern die Freude am gelebten und erfüllten Leben wecken kann.

In der Umgebung

Am Stadtrand von Pfullendorf, an der Straße in Richtung Mengen, steht die Wallfahrtskirche Maria Schray. Es ist ein sehr alter Wallfahrtsort, an dem seit 1516 jeden Samstag ein Wallfahrtsgottesdienst gefeiert wird. Im 17. Jahrhundert wurde das Heiligtum von schwedischen Plünderern in Brand gesteckt und völlig vernichtet. Der Legende nach sei nur das Gnadenbild unbeschadet im Schutze einer großen Eiche im nahen Neidlinger Wald verschont geblieben. Diese sogenannte Muttergotteseiche wird bis auf den heutigen Tag in Ehren gehalten und gepflegt. Die Atmosphäre an diesem Platz ist ganz besonders. Vermutlich handelt es sich um einen uralten Kultplatz, an dem schon vor Urzeiten ein heiliger Baum verehrt wurde – ein weiterer außergewöhnlicher Kraftort in der Nähe von Pfullendorf.

Wegbeschreibung

Beliebig nach Pfullendorf. Dort der Beschilderung in Richtung „Krankenhaus" folgen. Parkmöglichkeiten beim Krankenhaus oder beim Friedhof.

Salem: Klosterweiher

Das Erbe der weißen Mönche

Rund um das Kloster Salem gibt es eine Vielzahl von Weihern. Diese Weiher wurden bereits im Mittelalter von den Mönchen angelegt. 1134 wurde die Abtei in Salem als Zisterzienserorden gegründet. Der Orden der Zisterzienser war 1098 im französischen Cîteaux, 25 Kilometer südlich von Dijon, entstanden. Ein 70-jähriger Benediktinermönch war unzufrieden geworden mit der nach seiner Auffassung zu laschen Lebensweise seiner Mitbrüder. Er wollte die benediktinische Ordensregel des *ora, labora et studia* („Bete, arbeite und studiere") strenger leben, verließ mit einigen Mitbrüdern das Kloster und gründete eine neue Gemeinschaft mitten in einem schilfbewachsenen Feuchtgebiet. Aus der kleinen Gemeinschaft entwickelte sich nach und nach der Orden der Zisterzienser. Vor allem in abgeschiedenen Gebieten siedelten die Zisterzienser ihre Klöster an, um möglichst wenig durch äußere Einflüsse von ihren wesentlichen Aufgaben abgelenkt zu werden. Asketisch wollten die Mönche leben und auf ein Gleichgewicht von geistiger und körperlicher Arbeit achten. Sie lebten von ihrer eigenen Hände Arbeit und lehnten Einnahmen aus Verpachtungen ebenso vehement ab wie das Betteln oder das Erheben des Zehnten. Weil ihre Ordenstracht aus einem schlichten ungefärbten Tuch gefertigt wurde, erhielten sie den Beinamen „weiße Mönche". Ausgehend von Cîteaux wurden in den folgenden Jahrhunderten viele weitere Zisterzienserklöster gegründet.

▼ *Ein Drumlin beim Martinsweiher*

Die Salemer Klostergründung geht auf das Jahr 1134 zurück. Auch das Salemer Tal war damals eine ausgedehnte sumpfige Niederung. An der engsten Stelle des Tales siedelten die ersten Mönche das Kloster an, das sich über die folgenden Jahrhunderte zu einem der bedeutendsten Zisterzienserklöster Süddeutschlands entwickelte. Gemäß ihrer Ordensregeln erschlossen die Mönche durch ihrer Hände Arbeit die Region, entwässerten den sumpfigen Landstrich, betrieben Ackerbau, Weinanbau und Viehzucht, kümmerten sich um die Forst- und die Teichwirtschaft. Sie erwarben im Laufe der Zeit umfangreichen Grundbesitz und prägten mit den klostereigenen Weinbergen und Fischteichen die Bodenseelandschaft bis zum heutigen Tag. Der Teichbau und die Teichbewirtschaftung waren für die Mönche ganz besonders wichtig, weil den Zisterziensern der Verzehr von Fleisch verboten war und sie deswegen auf die Fischzucht ausgewichen waren.

Von den einst 24 Fischteichen gibt es heute noch immer 13 Teiche, in denen nach wie vor Fischzucht betrieben wird. Ganz besonders malerisch sind der Bifangweiher, der Martinsweiher und der Markgräfinnenweiher in die Landschaft eingebettet. Die drei Weiher liegen – wie hintereinander aufgereihte Perlen an einer Schnur – nahe der Ortschaft Mimmenhausen. Wanderwege führen um die Weiher herum. Auf halber Strecke schlägt eine schmale Brücke ihren Bogen über den Bifangweiher. Der Martins- und Markgräfinnenweiher sind durch einen künstlichen Damm voneinander getrennt, so dass – je nach Zeit- und Wanderlust – mehr oder weniger große Umrundungen gemacht werden können. Der Weg führt streckenweise am Waldrand entlang oder auch durch den Wald.

Oberhalb des Martinsweihers liegt auf einem eiszeitlichen Hügel, einem tropfenförmigen Drumlin, der Spitznagelhof. Der Spitznagelhof wurde zwischen 1817 und 1822 als Kameralhof der Markgrafen von Baden errichtet. Hier oben führt auch der sogenannte Prälatenweg vorbei, der vom Kloster Salem zur Wallfahrtskirche Birnau und weiter zum Schloss Maurach führt. Der Prälatenweg war einst die kürzeste Verbindung vom Kloster zum Bodensee. Auf diesem Wirtschaftsweg wurden die landwirtschaftlichen Erzeugnisse der klostereigenen Gutshöfe zum Verladen an die Schiffsanlegestelle nach Maurach transportiert oder die Waren von dort zum Kloster gebracht. Mit dem Neubau der Wallfahrtskirche Birnau 1750 wurde aus dem Wirtschaftsweg noch zusätzlich ein Prozessionsweg. Das Gnadenbild aus der ehemaligen Wallfahrtskapelle wurde im Kloster aufbewahrt und von dort in einer feierlichen Prozession in die Birnau überführt.

▲ *Ein Wanderweg bei den Weihern*

Den Prälatenweg nutzte der Salemer Abt auch, wenn er einmal im Jahr zum Generalkapitel nach Cîteaux reisen musste. Das Generalkapitel war das oberste Gremium des Ordens. Richtlinien und Beschlüsse wurden von dieser Versammlung erlassen und die Teilnahme war für alle Zisterzienseräbte verpflichtend. Von Maurach ging es mit dem Schiff über den Bodensee nach Konstanz, über den Rhein bis nach Basel und von dort auf dem Landweg weiter bis ins französische Mutterkloster in Cîteaux.

Wenn man heute wandernd die Salemer Weiher umrundet, meint man, noch immer etwas vom konzentrierten Tun der weißen Mönche in der heutigen Landschaft zu erspüren. Die Ergebnisse ihrer körperlichen Arbeit breiten sich als anmutige stille Weiher vor unseren Augen aus. Es liegt auch eine so friedliche und entspannte Atmosphäre über diesen Weihern, dass man meinen könnte, es habe sich mit den Weihern auch die kontemplative Lebensweise der Mönche erhalten. Beim konzentrierten Gehen spürt man schnell die Strahlkraft des besonderen Ortes, die Magie des Kraftortes. Hier ist nichts außer Stille und Natur. Und genau dieses Nichts macht die Besonderheit dieses Kraftortes aus. Hier kann man die einfachen Wunder des Alltags sehen, hier kann man in Kontakt mit der Natur und mit sich selber kommen. Man kann die Fülle der Natur und der Landschaft wahrnehmen. Es genügt, auf die Vielfalt der Geräusche zu achten und den Weg unter den Füßen zu spüren. Man kann erleben, dass die Konzentration im Augenblick bereichernd wirkt und mehr zur Ausgeglichenheit und Seelenruhe beiträgt, als manche Ablenkung und Zerstreuung andernorts dies vermag.

▲ *Drumlin beim Spitznagelhof*

In der Umgebung

Das nahegelegene Kloster und Schloss Salem gehört zu den bedeutendsten Kulturdenkmälern der Bodenseeregion. Die weitläufige Anlage, in der auch die renommierte Internatsschule untergebracht ist, ist den Besuchern in weiten Teilen zugänglich. Die Räume des ehemaligen Klosters können im Rahmen von kunsthistorischen Führungen besichtigt werden. Zugänglich sind auch der historische Marstall, die Schmiede, ein Brennerei- und ein Feuerwehrmuseum. In einer Reihe von Werkstätten können die Besucher den Handwerkern bei der Arbeit zusehen und vor Ort kunsthandwerkliche Souvenirs erstehen.

Wegbeschreibung

Zwischen Meersburg und Überlingen von der B 31 bei der Ortschaft Uhldingen-Mühlhofen abfahren in Richtung Salem (L 201). In der Ortschaft Mimmenhausen vor der Aachbrücke in der Ortsmitte in die Feuchtmayerstraße links einbiegen. Vorbei am Museum „Feuchtmayerhaus", die linke Abzweigung nehmen und bis zum Parkplatz am Waldrand fahren.

Salem: Leutkircher Kirchhof

Der vergessene Stein

Die alte Pfarrkirche „Mariä Himmelfahrt" von Leutkirch liegt auf einer Anhöhe des Salemer Tales in der Nähe von Salem-Neufrach. Die grün leuchtenden Schindeln des hohen gotischen Turmes sind weithin sichtbar. Die Kirche ruht inmitten eines großen Areals, das von einer dicken Kirchhofmauer umgeben ist. Man betritt den Kirchhof durch ein schmiedeeisernes Tor und wird dann auf einem Kiesweg durch eine Allee aus Kugelahorn bis zum Westportal geführt, das um 1500 entstanden ist. Vor diesem Portal stehend eröffnet sich dem Besucher ein weiter Blick ins Salemer Tal und auf den gegenüberliegenden Kraftort Margarethenberg (siehe Kraftort 19) in der Ortschaft Buggensegel. Einst beherbergte der große Platz um die Kirche herum den Friedhof für die Leutkircher Bürger. Vor einigen Jahrzehnten wurde ein neuer

▼ *Der sonderbare Stein im Kirchhof von Leutkirch*

▲ *Blick auf Leutkirch*

Friedhof außerhalb der Ortschaft angelegt und der bisherige danach nicht mehr genutzt.

Ein einzelner großer Stein ist auf dem ehemaligen Kirchhof liegen geblieben. Es ist kein Grabstein. Vielleicht galt der Findling den Menschen hier aber als so besonders, so schön, so einmalig, dass er ganz absichtsvoll als Erinnerungsstück bei der Kirche platziert wurde. Vielleicht handelt es sich um einen uralten Kultstein, einen vergessenen Menhir. Noch heute trägt dieser Stein jedenfalls zum besonderen Flair des Ortes bei. Es ist, als ob er den außergewöhnlichen Kraftort markieren würde. Er ruht fest und unerschütterlich vor einer von drei Linden. Zwei Bänke laden zum Platznehmen ein. Besonders im Sommer, wenn die Linden blühen, ist der Platz wie eingehüllt vom süßzarten Lindenblütenduft. Das Surren von ganzen Heerscharen von Bienen liegt in der Luft. Wenn dann noch die Turmuhr zur vollen Stunde ertönt, werden an diesem Ort fast alle Sinne aufs Schönste angesprochen. Ein sehr privates, kleines Fest für die Augen, die Nase, die Ohren und natürlich auch für den Tastsinn. Denn dieser Stein darf berührt werden. Zwar gibt er sein Geheimnis auch dadurch nicht preis, doch wirkt der Gedanke inspirierend, dass der Brocken seine eigene lange Geschichte als Geheimnis für alle Zeiten mit sich trägt und auf ewig bewahren wird.

In der Umgebung

Beim Verlassen dieses Kraftortes sollte man nicht versäumen, einen Blick auf den ausgesprochen ländlichen Ortskern von Leutkirch zu werfen. Alte, schmucke Bauernhäuser und ein ebenso schmuckes

Wirtshaus vervollständigen das harmonische Bild. Wer auch noch den Geschmackssinn stimulieren möchte, kann dies gleich hier vor Ort realisieren.

Wegbeschreibung

Leutkirch gehört zur Gemeinde Salem und liegt etwa drei Kilometer östlich von Salem-Mimmenhausen. In Leutkirch führt der kürzeste Weg die Besucher vom Parkplatz vor der Kirche durch die schöne Allee entlang des Kirchenbaus bis zum Platz vor dem Haupteingang.

Ein kurzer Spaziergang nach Leutkirch lässt sich vom Parkplatz des Altenheims Wespach aus machen. Von dort geht es einen Kilometer über eine wenig befahrene Straße leicht bergauf durch ein Wäldchen zur Kirche.

Der Besuch dieses außergewöhnlichen Kraftplatzes lässt sich aber auch einbinden in eine Vielzahl mehr oder weniger weiter Radtouren durch das Salemer Tal. Selbst von Heiligenberg über das Deggenhausertal nach Überlingen, eine anspruchsvolle 40 Kilometer lange Tour, liegt der Kraftort Leutkirch am Weg.

▾ *Altes Grabsteinrelief in einer Nische in der Friedhofsmauer*

Salem: Margarethenberg in Buggensegel

Romantischer Ausblick ins Salemer Tal

Buggensegel ist eine kleine Ortschaft im Bodensee-Hinterland und gehört als Teilort zur Gemeinde Salem. Die Ortschaftsgründung geht wahrscheinlich auf das 6. oder 7. Jahrhundert zurück. Der Ortschaftsname leitet sich von Bugo her, der ein hier ansässiger Grundeigentümer war, und dem Wort *sedilum*, das *Sitz* oder *Siedlung* bedeutet. Aus der „Siedlung des Bugo" entstand später die Bezeichnung *Buginsedil* und daraus entwickelte sich dann allmählich das heutige Buggensegel. Im 13. Jahrhundert gehörte Buggensegel dem Ritter Conrad zu Markdorf, der aber sowohl seinen Besitz als auch seine Rechte in Buggensegel an das Kloster Salem abgab. Damals schon existierte die kleine Kirche am Fuß des 500 Meter hohen Margarethenbergs. Leider ist die Kirche nur zu den Gottesdiensten geöffnet. Es lohnt sich aber trotzdem, die wenigen Stufen zum Eingang hinaufzugehen und dem Weg dann an

▼ *Blick vom Margarethenberg hinunter auf Buggensegel*

der Kirche vorbei und weiter bergauf zu folgen. Rechter Hand sehen wir bald das von Bäumen umstellte Hochplateau. Das ist der Margarethenberg. Wie eine Insel inmitten des Salemer Tales liegt der Hügel da und ragt hoch über den Talgrund hinaus.

Der Ausblick von hier oben ist wunderbar. In allen vier Himmelsrichtungen präsentieren sich dem Auge weitere besondere Örtlichkeiten. Direkt gegenüber in nördlicher Richtung ragt der spitze Kirchturm von Leutkirch in den Himmel; auf dem darüberliegenden Höhenzug markiert das Schloss Heiligenberg den gleichnamigen nördlichen Rand des Tales. In östlicher Richtung reicht die Sicht bis nach Markdorf, bei Föhn darüber hinaus bis zu den Alpen; im Süden steht die kleine Kapelle von Baitenhausen malerisch hoch oben auf dem Schlossberg und im Westen breitet sich die stattliche Klosteranlage von Salem aus.

Der Sage nach soll eine Adlige namens Margarethe von Valchinstein aus dem Geschlecht der Ramsberger im 12. Jahrhundert hier oben eine Burg bewohnt haben. Sie soll auch die Erbauerin der kleinen Kirche sein, die durch einen unterirdischen Gang direkt mit der Burg verbunden gewesen sei. Ob es tatsächlich einst eine Burg auf dem Margarethenberg gab, lässt sich heute nicht mehr feststellen. Dass die eher unscheinbare Dorfkirche aber sehr alt und wahrscheinlich romanischen Ursprungs ist, gilt als gesichert. Zwei Schutzpatronen ist die Kirche von Buggensegel geweiht: Es sind der Heilige Laurentius und die Heilige Margarethe. Margarethe gehört zusammen mit Barbara und Katharina zu den drei heiligen christlichen Jungfrauen, von denen manche Forscher annehmen, dass ihre Wurzeln bei den keltischen Bethen zu suchen sind. Die Bethen waren eine den Kelten wichtige Triade von Muttergöttinnen. Sie wurden von den Römern als Matronen übernommen und weiter verehrt. Mag sein, dass die im christlichen Raum später ebenfalls hoch verehrten *virgines capitales* in dieser Tradition stehen, zu denen außer den drei genannten Dorothea als Vierte erst ab dem 14. Jahrhundert hinzugefügt wurde. Für das Volk waren diese heiligen Frauen jedenfalls von großer Bedeutung, erkennbar daran, dass sie zu den wichtigen 14 Nothelfern zählten und sich ein eigener Merkspruch im Volksmund entwickelte, in dem die kennzeichnenden Attribute der Heiligen aufgeführt werden und die heiligen Frauen leutselig als drei Madl bezeichnet werden:

Margarethe mit dem Wurm,
Barbara mit dem Turm,
Katharina mit dem Radl,
Das sind die drei heiligen Madl!

Margarethe war über die Jahrhunderte eine beim Volk ebenso beliebte wie auch gefürchtete Heilige. So glaubte man zwar auf der einen Seite an ihre fürsorgliche Hilfe beim Gebären und beim Sterben, fürchtete aber gleichzeitig ihren – oft auch zerstörerischen – Einfluss auf das Wetter in den Tagen um ihren Gedenktag herum, dem 20. Juli. Platzregen, Sturm und Hagel waren schon immer gefürchtete Katastrophen vor der Erntezeit, konnten sie doch in kurzer Zeit die Ernte vernichten und damit lebensbedrohliches Unheil über die Bevölkerung bringen. „Hat Margret keinen Sonnenschein, dann kommt das Heu nie trocken heim!", dichteten die Bauern, denen der Margarethentag den Beginn der Erntezeit markierte.

Für fast alle bedeutenden Heiligen entwickelten sich im Verlaufe der Jahrhunderte besondere Festtage, Bräuche, Merksprüche und Pflanzennamen, die sich oft bis in unsere Tage erhalten haben. Der Heiligen Margarethe ist die Margerite gewidmet. Die weißblättrige Sommerblume wird noch heute von den Mädchen als Orakelblume verwendet, an der sie – wie ihre Mütter und Großmütter davor auch schon – durch Auszupfen der Blütenblätter in Erfahrung bringen wollen, dass ein von ihnen Auserwählter sie liebt, ... nicht liebt... liebt... nicht liebt...

Auch der zweite Heilige der Kirche von Buggensegel, der Heilige Laurentius, ist ein besonders in ländlichen Regionen hochverehrter christlicher Märtyrer. Den Bauern galt er als „Herbstbruder", dessen Feiertag am 10. August ihnen den Beginn der Ernte anzeigte. Der jährlich in den Sommernächten um den 10. August wiederkehrende Sternschnuppenschwarm erhielt die Bezeichnung „Laurentiustränen" und die meterhohe gelbblütige Goldrute den Namen „Laurenzilorbeer". In der katholischen Kirche kennt man auch den „Laurentiussegen", der vor Feuersbrünsten und brennenden seelischen Qualen schützen sollte, und das „Laurentiusbrot", das in der Kirche gesegnet und dann an Arme und Bedürftige verteilt wurde. Auch dieser Brauch hat sich in manchen Kirchengemeinden bis auf den heutigen Tag erhalten.

▲ *Baumumstellt: das Plateau des Margarethenbergs über dem Salemer Tal*

Wir werden das Rätsel um die richtige Margarethe, also die tatsächliche Namensgeberin für den gleichnamigen Berg in Buggensegel, nicht ermitteln können. Welche Margarethe auch immer diesem traumhaft schönen Ort ihren Namen gegeben hat, spielt aber auch gar keine Rolle. Ein Kraftort ist der Margarethenberg allemal. Dieser Ort lädt ein, Platz zu nehmen, Ausschau zu halten und sich zu orientieren. In jeder Richtung gibt es Interessantes und Sehenswertes zu entdecken. Was wir immer schon wussten, wird hier oben zur anschaulichen Gewissheit: Es gibt niemals nur eine einzige Blickrichtung, niemals nur einen einzigen möglichen Weg! Um uns herum bieten sich immer zahlreiche Möglichkeiten, eine so einladend wie die andere. Heute stehen wir aber auf dem Margarethenberg und sollten nichts weiter wollen, als diesen Augenblick an diesem Ort zu leben, zu genießen und auszukosten. Das „Auskosten" kann man ganz wörtlich nehmen. Zwar gibt es in der Ortschaft Buggensegel eine Gaststätte mit Biergarten, doch kein anderer Kraftort lädt so sehr zu einem sommerlichen, ländlichen Picknick unter schattigen Bäumen ein wie dieser hier oben auf dem Margarethenberg.

In der Umgebung

Eine Reihe weiterer Kraftorte gruppieren sich in Sichtweite und jeweils nur wenigen Kilometern Entfernung um den Margarethenberg herum. Besonders gut lässt sich die Gegend auf dem Fahrrad erschließen. Touren von unterschiedlicher Länge, aber meist leichtem Schwierigkeitsgrad bieten sich in einer Vielzahl an. Genügend Zeit zum Verweilen und Genießen auf dem Margarethenberg von Buggensegel sollte aber unbedingt eingeplant werden.

Wegbeschreibung

Buggensegel liegt etwa zwei Kilometer südöstlich von Salem an der Landstraße K 7760. Von der B 31 kommend, muss man diese bei der Ausfahrt Uhldingen-Mühlhofen verlassen und in Richtung Salem fahren. Am Ortseingang von Mimmenhausen zweigt die K 7760 nach Buggensegel rechts ab. Parkmöglichkeiten gibt es bei der Kirche.

◂ *Ein ruhiger Schattenplatz mit großartiger Aussicht*

Scheidegg: Auferstehungskirche

Die geheimnisvolle Kraft des Labyrinths

Labyrinthe haben eine lange Geschichte. Sie können bis ins dritte vorchristliche Jahrtausend zurückverfolgt werden. Labyrinthe finden sich als bronzezeitliche Felsritzungen, auf frühen griechischen Münzen und auf römischen Mosaiken. Es gibt sie als Bilder zum Anschauen, als Fingerlabyrinthe zum Berühren oder in der Natur als begehbare Einrichtungen. Labyrinthe sind raffiniert ausgeklügelte Wege oder Linien, die zwangsläufig zu einem Mittelpunkt führen. Der Zauber und die Magie des Labyrinths entstehen dadurch, dass man als Betrachter die Mitte sofort ausgemacht hat, sie aber dann nur über viele Windungen und verschlungene Wege tatsächlich erreicht. Man darf das Labyrinth nicht mit einem Irrgarten verwechseln. Während man im Irrgarten die Orientierung verlieren kann, wird man im Labyrinth auf einem einzigen Weg in die richtige Richtung geleitet. Dieser Weg führt, wenn auch erst nach verschiedenen Umwegen, immer zu einem vorgegebenen Zentrum. Mit der Verbreitung des Christentums ist auch die Labyrinth-Figur gewissermaßen christianisiert worden. Mittelalterliche Fußbodenlabyrinthe finden sich in vielen Kathedralen, besonders in Italien und Frankreich. Eines der berühmtesten ist das Labyrinth in der Kathedrale von Chartres.

Nach dem Vorbild von Chartres wurde 1999 in der evangelischen Auferstehungskirche von Scheidegg ein begehbares Labyrinth angebracht. Scheidegg liegt 25 Kilometer nordöstlich von Lindau auf dem Bergrücken des Pfänders. Die Idee, ein Labyrinth im Kirchenraum zu bauen, brachte das Pfarrer-Ehepaar vom Pilgerweg nach Santiago de Compostela mit. Das Scheidegger Labyrinth hat einen Durchmesser von sechs Metern und einen Weg von insgesamt 130 Metern Länge, der in sieben Umgängen zum Zentrum führt. In der Mitte des Labyrinths liegt ein Kreuzstein, eine Quarzader, die vom Mont Beverin in den Graubündner Bergen stammt. Das Labyrinth wurde vom Bildhauer Max Schmelcher aus eingefärbtem Beton geschaffen. Es bietet bei stets offener Kirchentüre den Besuchern eine ganz besondere Sinneserfahrung.

Man darf das Labyrinth nicht nur bestaunen, sondern muss es auch unbedingt begehen. Im Begehen erschließt es erst seine ganz besondere spirituelle Kraft und Botschaft. Es führt den Besucher auf verschlungenen Wegen zum geheimnisvollen Mittelpunkt und von dort um eine Erfahrung reicher zurück zum Ausgangspunkt. Beim Begehen des Kirchen-Labyrinths hat man das Ziel im Zentrum zunächst klar vor Augen und stellt fest, wenn man sich auf den Weg dorthin begibt, dass man sich immer wieder von dieser Mitte entfernt, sie umrundet, sie aus dem Blick verliert. Zweifel können aufkommen, ob der Weg richtig ist, ob man überhaupt weitergehen will, ob man abkürzen sollte, aufgibt oder doch bis zum Endpunkt weitergeht. Ist die Mitte schließlich erreicht, muss das Labyrinth auf demselben Weg wieder verlassen werden. Es steht symbolisch für die verschlungenen Wege des Lebens. Es bietet eine Möglichkeit zu erleben, wie viel Geduld die manchmal sehr unübersichtlichen und mühsamen Lebenswege erfordern, wie viel Durchhaltekraft, wie viel Vertrauen in die Richtigkeit des eingeschlagenen Weges. Es symbolisiert die Suche nach der eigenen Mitte, das Zur-Quelle-Finden, das Den-Weg-Verstehen-Lernen. Es beinhaltet die Symbolik des sich Wendens und damit auch des sich Wandelns; des Ankommens am Ziel und des damit verbundenen Kraftschöpfens. Ganz besonders bereichernd kann es sein, zu zweit, mit der Familie oder mit Freunden diesen Kraftort zu besuchen und gemeinsam den Weg durchs Labyrinth zu gehen. Der Weg ist schmal, man kann nicht nebeneinander starten, jeder muss für sich alleine gehen. Immer wieder begegnet man aber den anderen. Manche Wegstrecken laufen aufeinander zu, verlaufen parallel zueinander und verlieren sich auch wieder. Jeder ist auf demselben Weg, aber jeder macht seine ganz eigene und persönliche Weg-Erfahrung.

Dieser ruhige kleine Kirchenraum in Scheidegg ist ein wunderbarer Kraftort. Man ist hier in der Abgeschiedenheit und Einsamkeit eingeladen, Platz zu nehmen. Man kann in der Stille beten, nachdenken, meditieren, ausruhen und Kraft schöpfen. Das Begehen des Labyrinths ist ein faszinierendes Selbstexperiment. Wie von selbst tauchen Fragen auf wie zum Beispiel, ob ich mich traue, dieses Labyrinth zu

Eine der zahlreichen Kapellen rund um Scheidegg ▸

begehen, und damit auch, ob ich mutig genug bin, etwas Neues zu wagen. Halte ich den vorgegebenen Weg bis zum Ende durch, gebe ich schnell auf, halte ich mich an die Spielregeln oder missachte ich sie? Das sind sehr persönliche Fragen, die sich an diesem besonderen Ort ganz konkret erleben lassen. Philosophische Themen drängen sich auf: Was gibt mir Kraft, um meinen Weg zu gehen? Woher nehme ich den Mut? Was hält mich, was beflügelt mich? Der Raum lädt ein zum Nachdenken darüber, welche Wege ich schon in meinem bisherigen Leben gegangen bin, welche ich verweigert und welche ich übersehen habe. Er bietet Raum zum Erinnern der Wegkreuzungen, an denen ich mich nicht entscheiden konnte oder an denen ich mich vielleicht sogar falsch entschieden habe. Hier kann man sich einmal die Zeit nehmen und über den gänzlich unbekannten Weg nachdenken, der noch in der Zukunft liegt. Hier kann man in aller Ruhe Fantasien entwickeln darüber, wie der zukünftige Weg aussehen könnte, wie man sich die zukünftigen Jahre vorstellt und wünscht. Ein einmaliger Kraftort! Ein Ort der Ruhe und der Bewegung, der Besinnung und des Tagträumens, der Selbstbegegnung und der Selbstfindung.

In der Umgebung

Der Westallgäuer Jakobus-Pilgerweg führt über Scheidegg. Neben der Evangelischen Kirche befindet sich das Jakobs-Pilgerzentrum mit Pilgerunterkunft. Außerdem gibt es rund um Scheidegg drei unterschiedlich lange Wanderwege, die alle gut beschildert sind. Der „Kleine ökumenische Kapellenweg" mit einer Länge von gut zweieinhalb Kilometern beginnt und endet am Kirchplatz bei der katholischen Pfarrkirche und verbindet sechs Kapellen miteinander. Der „Große ökumenische Kapellenweg" mit einer Länge von knapp 22 Kilometer beginnt am Kurhaus und führt zu 16 verschiedenen Kapellen. Schließlich gibt es noch einen „Kneipprundwanderweg" mit einer Länge von 14 Kilometern. Ein Faltblatt unter dem Motto „Wege für Leib und Seele" mit Wanderkarte und Beschreibungen liegt in der Evangelischen Kirche aus.

Ebenfalls einen Besuch wert sind die Scheidegger Wasserfälle, die 2004 in die Liste „Bayerns schönste Geotope" aufgenommen wurden.

Wegbeschreibung

Scheidegg liegt 25 Kilometer nordöstlich von Lindau, zwischen Lindau und Lindenberg im Allgäu. Beliebig nach Scheidegg. Dort durch das Ortszentrum und über die Zollstraße (St 2378) in Richtung westlicher Ortsrand und Beschilderung „Evangelische Kirche". Die Adresse „Am Hammersbach 14" ist der Zielort.

Stockach: Ruine Nellenburg

Am Opferplatz der schönen Nella

Die Stadt Stockach liegt am westlichen Ende des Bodensees. Von Stockach aus eröffnet sich bereits der Blick auf die uralte Vulkanlandschaft des sogenannten Hegau. Er weist eine lange Besiedlungsgeschichte auf. Schon die steinzeitlichen Jäger benutzten die Petersfelshöhle bei Engen als Siedlungsplatz. Bei Hilzingen und bei Güttingen entdeckte man bronzezeitliche Gräberfelder aus dem 2. Jahrtausend v. Chr. Auch aus der Keltenzeit haben sich zahlreiche Grabhügel im Hegau erhalten. Nahe Stockach, im Bogental, wurde bereits im 19. Jahrhundert eine Grabhügelgruppe entdeckt und archäologisch untersucht. Nicht zuletzt stammt wahrscheinlich die Bezeichnung des Landstrichs am westlichen Bodensee von den Kelten. Einen „Bergbuckel" bezeichneten die Kelten als kewen. Aus dem Wort kewen wurde ein hewen-gau und daraus schließlich der uns bekannte Hegau.

▼ *Blick von der Nellenburg in den Hegau*

▲ *Die Reste der einstigen Nellenburg*

Unmittelbar bei der Stadt Stockach erhebt sich der 613 Meter hohe Nellenburger Berg. Von der Burg, die einst hier oben stand, sind nur ein paar Mauerreste übrig geblieben. Eine uralte Sage, die in die Zeit der Christianisierung zurückreicht, könnte aber ein Hinweis darauf sein, dass sich in vorchristlicher Zeit an dieser Stelle ein Brandopferplatz befand.

Die Sage erzählt von einem jungen Grafen namens Gangolf, der sich schon früh zum Christentum bekannt hatte. Gangolf ging eines Tages auf die Jagd und war schon einen ganzen Tag lang unterwegs, als er nach Einbruch der Dunkelheit einen Feuerschein hinter einem versteckten Hügel entdeckte. Er ging darauf zu und sah eine Gruppe von Männern, die um einen brennenden Holzstoß saßen und verzückt den Harfengesängen einer wunderschönen Jungfrau lauschten. Gangolf hatte durch Zufall die geheimnisumwitterte Opferstätte der heidnischen Priesterin Nella entdeckt. Mit seinem Schwert schlug er auf die Heiden ein und zertrümmerte den Opferstein. Er wurde aber von Nellas Männern überwältigt, gefangen genommen, abgeführt und in ein Verlies geworfen. Nach vielen Qualen, Verhören und einer Verurteilung zum Tode durch Erhängen begnadigte die schöne Nella den Jüngling und ließ ihn gehen. Gangolf hatte sich aber schon längst in seine

Retterin verliebt, heiratete sie wenig später und bewirkte, dass sie sich zum christlichen Glauben bekehren ließ. Bei ihrer Taufe entsprang dem Boden, auf dem sie stand, eine Quelle, die nach ihr benannt wurde. Gangolf war überwältigt von diesem Wunder und soll an genau dieser Stelle später seine Burg erbaut haben, die er zu Ehren seiner Gemahlin „Nellaburg" nannte. So viel zur sagenhaften Entstehungsgeschichte der Nellenburg.

Tatsächlich wird die Nellenburg 1056 erstmals schriftlich erwähnt. Sie wurde mehrfach in ihrer Geschichte belagert, zerstört und wieder aufgebaut und 1782 endgültig abgebrochen. Obwohl von der einstigen stattlichen Burg fast gar nichts mehr übrig geblieben ist, haftet dem Platz bis auf den heutigen Tag etwas Geheimnisvolles und Verwunschenes an. Vom Höhengasthaus Nellenburg, einem ehemaligen Hofgut aus dem 19. Jahrhundert, führt der gut gepflegte Wiesenweg sacht bergauf und in wenigen hundert Metern bis zur Burgstelle. Der kreisrunde und ganz ebene Platz ist eingesäumt von niedrigem Buschwerk und von Bäumen umstellt. Man hat aber trotzdem einen schönen Ausblick auf die Ortschaften Orsingen und Nenzingen und auf die dahinterliegenden Vulkanberge des Hegau. Wer eine imposante Burgruine erwartet, ist hier oben allerdings nicht am richtigen Ort. Es gibt nur noch wenige Reste der einstigen Mauer zum Vorhof, ein paar Quadratmeter aus der talseitigen Frontmauer und in der Mitte des Platzes die eineinhalb Meter hohe Ruine des einstigen Hauptturmes. Aber genau diese scheinbar wohl platzierten Überreste tragen zum besonderen Charme dieses Kraftortes bei. Der verbliebene, relativ kleine Turmrest steht exakt in der Mitte des großen kreisrunden Areals. Wie zum Schutz dieses idyllischen Fleckchens schmiegen sich die wenigen Steine der Außenmauer harmonisch um das schöne Gelände. Zwei Stufen führen in den leicht erhabenen Turmbereich in der Mitte. Man muss sie benutzen und sich ganz absichtsvoll über diese zwei Stufen in den innersten Bereich der Anlage hineinbegeben. Hier im Herzstück der Anlage kann man die wohltuende Exponiertheit des Ortes und die Stimmigkeit der uralten Anlage nicht nur sehen, sondern auch in ihrer Wirkung spüren. Wer diese wohlbedachte Stimmigkeit auf sich wirken lässt, kann erleben, dass der Kraftort bis auf den heutigen Tag eine gute Stimmung zu bewirken vermag.

In der Umgebung

Vom Parkplatz beim Höhengasthaus Nellenburg aus beginnt ein gut beschildertes Wanderwegenetz. Ein weiteres lohnendes Ausflugsziel nur wenige Kilometer von Stockach entfernt in Richtung Zoznegg sind die sogenannten Heidenhöhlen bei Zizenhausen. Beim Wanderparkplatz „Berlingersiedlung" beginnt der Rundweg zu den Höhlen, der direkt in die Vorgeschichte des Bodenseeraumes führt. Die Schmelzwasserströme der jüngsten Eiszeit haben eine tiefe Rinne durch den weichen Sandstein gezogen und eine Steilkante entstehen lassen. Wer die Höhlen einst in die Steilwand gegraben hat, ist nicht bekannt. Bei einer Wanderung kann man sie erkunden und immer wieder wunderbare Ausblicke auf die Hegauberge und die Bodenseelandschaft genießen.

Wegbeschreibung

Beliebig nach Stockach. In Stockach zunächst den Straßenschildern in Richtung Meßkirch L 313 folgen. Nach dem Überqueren der Bahngleise die erste Abfahrt links nehmen und dem Hinweisschild „Höhengasthaus Nellenburg" folgen. Parkmöglichkeit beim Gasthaus. Von dort dem Wiesenweg in westlicher Richtung zur angeschriebenen Burgruine gehen. Nach circa 300 Metern ist der Kraftort schon erreicht.

Stockach: St. Agatha in Seelfingen

Die Aussicht ins Urstromtal genießen

Auf dem Weg von Owingen nach Stockach fährt man viele Kilometer durch ein auffallend breites und reizvolles Tal, das von steilen Hängen, tropfenförmigen Hügeln (Drumline) und tief eingeschnittenen Seitentälern eingerahmt wird. Dieses sogenannte Urstromtal ist während der letzten Eiszeit durch mächtige Gletscher entstanden. Bis vor 10 000 Jahren lag die Landschaft unter einer dicken Eisdecke begraben. Die Gletscher der Alpen dehnten sich bis weit ins Alpenvorland aus. Beim Abschmelzen der Gletscher schufen die Schmelzwässer, die parallell zum Eisrand abfließen mussten, die typischen breiten Talniederungen der Urstromtäler.

Auf einem der höchsten Hügel des Urstromtales thront die Kapelle von Seelfingen hoch oben über der kleinen Ortschaft. Die Kapelle wird im 14. Jahrhundert erstmals schriftlich erwähnt. Sie ist der Heiligen Agatha geweiht.

Die Heilige Agatha ist eine christliche Märtyrerin aus dem 3. Jahrhundert. In der katholischen Kirche wird sie als Schutzpatronin gegen Feuer verehrt, aber auch als Patronin der Frauen, die ihre Hilfe insbesondere bei Brusterkrankungen erflehen. Der alte Brauch, am Agathatag, dem 5. Februar, Agathabrot zu backen und dieses in der Kirche zu weihen, ist noch heute weit verbreitet. Die Menschen glaubten an die Schutzkraft des geweihten Brotes. Im Volksglauben wurden Krümel davon an die Tiere des Hofes verfüttert, um sie gesund zu erhalten. Man verstreute Brotkrumen im Haus und auf dem Hof, um die Bewohner auf diese Weise vor Krankheit und vor Feuersbrunst zu bewahren. In der Hoffnung auf eine besonders gute Ernte wurden Krümel sogar auf den Feldern und Wiesen verstreut. Die magische Kraft, die dem geweihten Brot zugesprochen wurde, lässt vermuten, dass hier ein uralter Brauch christianisiert wurde. Heute wird die Brotsegnung in der katholischen Kirche schöpfungstheologisch gedeutet. Eine Gabe, die die Menschen von der Natur erhalten haben, wird vor Gott den Schöpfer gebracht. Im Segnen der Brote soll Gottes Allgegenwart und Güte zum Ausdruck gebracht werden.

Leider ist die Agathakirche von Seelfingen nur zu den Gottesdienstzeiten geöffnet, so dass man nur selten einen Blick in den sehr schön gestalteten Raum werfen kann. Der Platz, auf dem das Gebäude steht, ermöglicht aber einen wunderbaren Ausblick ins Tal, so dass sich der kurze Weg hinauf immer lohnt. Wie bei fast allen Kirchen, die auf einer Anhöhe stehen, hat man auch in Seelfingen schnell das Gefühl, von Menschen und Alltagssorgen „da unten" abgehoben und weit entfernt zu sein. Eine dicke Mauer umgibt das Areal und lässt zusätzlich noch eine Ahnung von Schutz und Geborgenheit aufkommen. Vielleicht sind das genau die Empfindungen, die sich die vorchristlichen Menschen an ihren Kultplätzen auf den Berghöhen erschlossen haben und welche die christlichen Nachfahren in der Verehrung der Heiligen Agatha suchten.

Noch vor wenigen Jahren stand auf dieser sonnigen Aussichtsterrasse eine mächtige alte Eiche, deren weites Blätterdach im Hochsommer wunderbaren Schatten spendete. Der Dreiklang von Berg, Baum und Kirche war perfekt. Einer der letzten schweren Stürme hat bedauerlicherweise die alte Eiche so stark beschädigt, dass sie aus Sicherheitsgründen gefällt werden musste. Der Tradition verpflichtet wurde zwar umgehend wieder ein neuer Baum gepflanzt, doch wird es viele Jahrzehnte – wenn nicht gar Jahrhunderte – dauern, bis dieser zur Größe des bisherigen herangewachsen ist. Dieser idyllische Ort hier

▼ *Blick auf Seelfingen mit der Kirche St. Agatha*

oben war immer schon eine stille Einladung, heraufzukommen, sich hier oben umzusehen und auszuruhen: Ein idealer Ort zum Abstandgewinnen, zum Krafttanken. Nach wie vor lädt die Holzbank den Besucher dazu ein, nach wie vor kann man den Ausblick auf das Urstromtal genießen, nach wie vor lohnt es sich, den Kraftort aufzusuchen. In die reine Begeisterung früherer Jahre mischt sich aber heute – angesichts des so zarten und gefährdeten Neuanfangs des Eichensetzlings – auch die Sorge darüber, wie sorglos wir mit unserer Umwelt umgehen und wie bereits deutlich sichtbar und erschreckend klar die Folgen zu erkennen sind.

▲ *Ausblick auf das Urstromtal*

In der Umgebung

Ein circa fünf Kilometer langer Naturlehrpfad rund um das Nachbardorf Billafingen führt vorbei am Heinz-Sielmann-Weiher und an einer idyllisch gelegenen Grillhütte im Wald. Auf 200 Tafeln entlang des Wanderwegs wird über das Urstromtal, seine Flora und Fauna informiert. Wer lieber mit dem Rad oder mit Inline-Skates unterwegs ist, kann von Owingen aus auf einem durchgehenden Radweg bis Billafingen fahren. Das Urstromtal bringt es mit sich, dass der Weg im Tal einerseits ganz eben, andererseits aber ausgesprochen abwechslungsreich ist. Hier gibt es noch viele der selten gewordenen Streuobstwiesen, weite Flächen von fruchtbarem Acker-, Wiesen- und Weideland und herrliche Ausblicke auf das urwüchsige Urstromtal.

Wegbeschreibung

Seelfingen liegt zwischen Überlingen und Stockach. Beliebig nach Seelfingen. Parkmöglichkeiten unten im Dorf oder oben am Parkplatz bei der Kirche.

Tettnang: Brünnensweiler Höhe

Wo die Dankbarkeit einen dauerhaften Ort gefunden hat

Die Landschaft um die kleine Stadt Tettnang herum ist geprägt vom Hopfenanbau. Seit mehr als 160 Jahren wird das „Grüne Gold" in der Region angebaut. Der Tettnanger Hopfen ist bei den Bierbrauern auf der ganzen Welt bekannt und begehrt. Etwa ein Drittel der Ernte ist für den deutschen Markt bestimmt, zwei Drittel werden exportiert.

Kaum irgendwo wächst die empfindliche Hopfenpflanze so gut wie hier im Bodenseehinterland. Die Kletterpflanze rankt sich an den typischen Rankhilfen in kurzer Zeit bis zu sieben Meter hoch. Mitte August werden die hellgrünen Dolden, die ein bisschen den Tannenzapfen ähneln, bereits geerntet. Früher geschah dies in mühseliger Handarbeit, zu der viele Saisonkräfte aus der Region eingesetzt wurden. Die Gerbsäure in den Dolden bewirkte, dass die Hände der Helferinnen und Helfer für Tage hartnäckig schwärzlich eingefärbt waren. Es gab Lehrer, die sich mit der bäuerlichen Arbeit nicht auskannten und wenig Verständnis für Schülerinnen und Schüler aufbrachten, die tagelang nach einem Hopfenbrock-Einsatz mit schwarzen Fingern in der Schulbank saßen. Als Schmutzfinken wurden sie beschimpft, zum Händewaschen – so

▼ *Die kleine Kapelle auf der Brünnensweiler Höhe*

beleidigend wie nutzlos – aus dem Klassenzimmer verwiesen. Heute haben Maschinen die aufwendige Erntearbeit übernommen. Im Hopfenmuseum im nahen Siggenweiler kann man sich ausführlich und unterhaltsam über die Arbeit der Hopfenbauern von einst und heute und die Bräuche rund um den Hopfen kundig machen.

▲ *Auf dem Weg durchs „Hopfenland"*

Mit dem kostbaren Rohstoff haben sich die Tettnanger Bauern eine einkömmliche Lebensgrundlage geschaffen. Die Höfe sind groß und stattlich, die Dörfer wirken aufgeräumt, freundlich und einladend. Die Menschen erscheinen fleißig, gottesfürchtig und gläubig. In dieser Gegend reiht sich nicht nur Hopfengarten an Hopfengarten, sondern auch Bildstock an Bildstock. Die hohe Zahl schöner Kapellen und Wegkreuze ist beeindruckend.

Eine dieser zahlreichen Kapellen steht hoch oben über den Häusern von Brünnensweiler, unweit der Stadt Tettnang. Die Marienkapelle auf der fast 600 Meter hohen Brünnensweiler Höhe wurde 1954 gebaut. Dankbarkeit dafür, dass Haus und Hof im 2. Weltkrieg bewahrt wurden und die Erinnerung an ein gefallenes Familienmitglied waren für zwei Bauernfamilien Anlass, einen Teil ihres Grundstücks für den Kapellenbau auf dem Hügel zur Verfügung zu stellen. Die Kinder- und die Enkelgeneration der Stifter kümmern sich noch heute um den Erhalt der Kapelle. Auch das vom Vater bzw. Großvater einst eingeführte Ritual, dreimal am Tag die Arbeit zu unterbrechen, zur Kapelle hinaufzupilgern und dort die kleine Glocke zu läuten, wird noch immer praktiziert. Bei diesem sogenannten Angelusläuten, das eine Minute anhält, wird traditionell in der katholischen Kirche das Angelusgebet „Der Engel des Herrn" gesprochen. Zwar lässt die viele Arbeit nur mehr zu, den Weg zweimal am Tag zu gehen, sagt die Bäuerin, aber diese beiden Male – um 12 Uhr mittags und um 17 Uhr bzw. im Sommer um 18 Uhr am Abend – lässt sie sich nicht nehmen: Tag für Tag – im Sommer wie im Winter – an guten wie an schlechten Tagen.

▲ *Schutzmantelmadonna*

An ihrem Hof in Brünnensweiler vorbei führt der schmale Pfad stellenweise über Treppen hinauf auf den Hügel. Oben steht die schlicht gehaltene, sehr schöne und sorgfältig gepflegte Kapelle wie auf einer Aussichtsterrasse. Die zwei Linden, die vor dem Eingangsportal einst gepflanzt wurden, sind zu stattlicher Größe herangewachsen. In ihrem Schatten kann man sich auf Holzbänken niederlassen und die Aussicht hinunter auf den Bodensee genießen.

Das Kapelleninnere ist ebenso schlicht gehalten wie das äußere Erscheinungsbild. Es gibt nur zwei hölzerne Bänke und auf dem Altar steht eine sehr ausdrucksstarke Holzskulptur, eine Schutzmantelmadonna, die vom Bildhauer Karl Baur (1881–1968) geschaffen wurde.

Sowohl der Kapellenraum als auch der Platz vor der Kapelle: Beides sind zauberhafte Kraftorte. Hier oben ist man meistens ganz allein und meint dennoch zu spüren, dass der Ort voll lebendiger Energie steckt. Diese Energie überträgt sich auf die Besucher. Man wird angerührt von der Entstehungsgeschichte, von der tiefen Gläubigkeit der Erbauer dieses Gotteshauses, von ihrer selbstverständlichen Dankbarkeit, ihrem unerschütterlichen Gedenken, ihrer Treue und ihrer Demut. Wenn man den Weg hinauf auf die Höhe geht, kann man erleben, dass sich eine körperliche und seelische Veränderung vollzieht. Vielleicht startet man unten – am Fuß der Treppe – noch ganz in Alltagsgedanken verstrickt, sorgenvoll und grübelnd, beladen und bedrückt. Schnaufend und leicht kurzatmig kommt man wahrscheinlich oben an. Der Atem beruhigt sich allmählich, der weite Blick ins Land hinaus entspannt. Man ist überrascht, einen so aussichtsreichen Platz hier vorzufinden. Man hört das Summen der Insekten in den Linden, das Säuseln – manchmal sogar das Rauschen – des Windes in den Baumkronen. Im Sommer riecht man den intensiven Duft der Lindenblüten, im Herbst lässt einem die Fülle der rotbackigen Äpfel an den Bäumen ringsherum das Wasser im

Munde zusammenlaufen. Wenn dann noch zur Mittagszeit oder am frühen Abend die Bäuerin den Berg heraufkommt, beim Betreten der Kapelle sich ehrfurchtsvoll vor dem Altar verneigt und bekreuzigt, um dann konzentriert die kleine Kirchenglocke in Schwingung zu bringen, dann ist während des Glockengeläutes das Sinnenerlebnis ein allumfassendes und wir erleben, wie beruhigend dieser Ort wirkt. Ein Staunen über die Schönheit dessen, was wir von hier oben aus sehen können, kommt auf. Das Bedürfnis, auszuruhen, still zu werden, zu genießen und aufzutanken stellt sich ein. Vielleicht entsteht sogar ein Gefühl von Glück, Dankbarkeit und Zufriedenheit. Die gläubigen Besucher können ihre Gefühle in einem Gebet im Inneren der Kapelle zum Ausdruck bringen und sich inspirieren lassen von der Idee des immerwährenden Beschütztseins, die von der Marienfigur ausgeht. Man kann sich gestärkt und erfüllt auf den Rückweg hinunter und zurück in den Alltag begeben. Man hat an diesem Ort einmal mehr die zauberhafte und verändernde Wirkung eines Kraftortes erleben können und darf gespannt sein, wie lange die Veränderung nachwirkt.

In der Umgebung

In der nahen Ortschaft Siggenweiler lädt das Tettnanger Hopfenmuseum zu einem Besuch ein. Auf 2000 Quadratmeter Ausstellungsfläche erfährt man dort Informatives und Interessantes über die Geschichte des Hopfenanbaus. Vom Hopfenmuseum führt ein vier Kilometer langer Rundwanderweg unter dem Motto „Vom Bauer zum Brauer" entlang hoher Hopfengärten und Obstanlagen durch das Tettnanger Hinterland. Schilder am Wegrand informieren über den Hopfenanbau und die Braukunst.

Wegbeschreibung

Beliebig nach Tettnang. Von dort auf der K 7720 Richtung Siggenweiler/ Bodnegg; Richtung Brünnensweiler abzweigen; Parkmöglichkeiten in Brünnensweiler; Weg zur Brünnensweiler Höhe im Weiler angeschrieben.

Überlingen: Bildeiche bei Hödingen

Einmal Kultplatz, immer Kultplatz

Hödingen ist eine kleine Ortschaft fünf Kilometer nordwestlich von Überlingen. Hier oben in geschützter Lage über dem See siedelten sich schon in vorgeschichtlicher Zeit Menschen an. Das bezeugen die Hügelgräber aus der Keltenzeit im Waldstück „Haslen" westlich des Länglehofes. Sie sind ein Zeugnis dafür, dass schon um 500 v. Chr. hier Kelten lebten. Von den Kelten wissen wir, dass sie – ebenso wie später die Germanen – Naturheiligtümer verehrten. Nicht nur besondere Bäume, sondern oft auch ganze Haine und Wälder galten als heilig. Ihre Priester nannten die Kelten „Druiden", was wahrscheinlich so viel bedeutet wie „die Eichenkundigen" (siehe Kraftort 12 „Alte Eiche"). Bei den Germanen war die Esche dem Gott Odin geweiht, die Eiche dem Gott Donar. Donar, der Gott des Donners, auf den unser „Donnerstag" zurückzuführen ist, wurde als verantwortlich gesehen für das Wetter, den Regen und das Gewitter, den Frost und die Winterkälte. Die Menschen verehrten ihn in dem ihm zugeordneten Baum, der heiligen Eiche. Als die ersten christlichen Missionare den Versuch unternahmen, die heidnischen Völker zu bekehren, waren sie auch mit dem Baumkult der hier lebenden Bevölkerung konfrontiert. Im Konzil von Arles im Jahr 452 wurden Gesetze gegen das Anbeten von Bäumen erlassen und auch noch über hundert Jahre später, im Konzil von Nantes im Jahr 568, war der gotteslästerliche Kult noch ein Thema. Der jahrhundertealte Brauch der Verehrung heiliger Bäume hielt sich vielerorts bis ins späte Mittelalter. Dort, wo es nicht gelang, die heiligen Bäume zu fällen oder ihre Bedeutung vergessen zu machen, wurden sie oft christlich umgewidmet. Man stellte eine Heiligenfigur auf oder brachte ein Heiligenbild an und betete fortan an diesem Ort zum christlichen Namenspatron.

◄ *Naturdenkmal „Drei Linden"*

▲ *Die Bildeiche*

Die Bildeiche bei Hödingen kann durchaus in dieser Tradition gesehen werden. Sie steht ganz in der Nähe von keltischen Hügelgräbern, eines Ringwalles, der Ortschaft „Höllwangen" und des Naturdenkmals „Drei Linden". Die ursprüngliche Eiche ist längst abgestorben. Wahrscheinlich mussten seither schon mehrere neue Bäume gepflanzt werden. Heute präsentiert sich der Platz mit drei unterschiedlichen Stufen eines Baumlebens. Da ist zunächst einmal zentral der präparierte und geschälte Stamm einer alten Eiche, an dem ein in seiner schlichten Schönheit sehr anrührendes Kultbild der Heiligen Maria angebracht wurde. Hier zeigt sich, welch beeindruckende Werke aus der Kraft des Glaubens entstehen können: Volkskunst zu Ehren der Gottesmutter Maria. Hier wird auch klar, was unter „Kultplatzkontinuität" verstanden wird. So wurde bereits vorsorglich neben der alten und längst abgestorbenen Eiche, deren Überreste direkt neben dem Stamm mit dem Kultbild stehengeblieben sind, ein neues Bäumchen gepflanzt. Diese junge Eiche, deren Stämmchen noch schlank und dünn und erst wenige Meter hoch gewachsen ist, wird in einigen Jahren stark genug sein, um das Marienbildnis zu übernehmen. Den Menschen, die den Ort hier pflegen, scheint es wichtig zu sein, die bisher kultisch verwendeten Bäume zu erhalten. So setzen sie eine religiöse Tradition fort, die in der Verehrung der Natur vor Jahrtausenden ihren Anfang hatte.

Der Kultort liegt „eigentlich" mitten im Wald. „Eigentlich" deswegen, weil vor wenigen Jahren erst rund um diesen Kultplatz großflächige Rodungen stattgefunden haben. Zwar wurde wieder aufwendig aufgeforstet, doch wird es Jahrzehnte dauern, bis der ursprüngliche Zustand des Waldes wiederhergestellt ist. Derzeit fehlt dem Kultort

▲ *Kultbild zu Ehren der Gottesmutter Maria*

leider nicht nur die einstige Geborgenheit des Waldes; durch die Rodung ist der Lärmpegel auch bedrohlich gestiegen, den die nahe Bundesstraße verursacht. Dennoch strahlt der Ort seine ganz eigene Magie aus. Der Platz ist liebevoll gepflegt. Dass er von Menschen aufgesucht wird, zeigen die frischen Schnittblumen, die in Vasen am Fuße der Bildeiche stehen. Jeder, der diesen Kraftort im Wald, zu dem kein Schild hinführt, findet, wird beeindruckt sein von der besonderen Strahlkraft dieses Ortes. Zwei halbierte Baumstämme dienen als Ruhebänke. Sie laden ein, sich zu setzen und hier etwas zu verweilen.

Der Platz bei der Bildeiche kann zwiespältige Gefühle auslösen. Da ist einerseits das Einmalige und Anrührende des Kultortes zu spüren. Darüber hinaus beeindruckt die Anschaulichkeit von Zeit, Geschichte und der Theorie der Kultplatzkontinuität, die sich in den verschiedenen Stadien der Kultbäume spiegeln. Andererseits zeigt der Platz aber auch, wie gefährdet solche Idyllen durch die Erfordernisse der modernen Zeit geworden sind. Kahlschlag durch Unwetterschäden und/oder Menschenhand hat eine regelrechte Wunde um den Platz herum gerissen. In der Folge dringt dadurch jetzt auch der Lärm der nahen Straße fast ungebrochen ans Ohr. Kultplatzkontinuität einerseits steht im krassen Widerspruch zur unaufhörlichen Veränderung andererseits. Ein Ort zum Nachdenken und zum Nachdenklichwerden.

In der Umgebung

Vom Wanderparkplatz am Ortsrand von Hödingen aus sind verschiedene Wege ausgeschildert, von denen jeder zu einer herausragenden Naturbesonderheit führt. So führt ein Weg zur Gletschermühle, die mit einem Durchmesser von 20 Meter und einer Tiefe von zehn Meter zu den größten ihrer Art zählt. Ein anderer Weg führt zum Hödinger Tobel, der zu den schönsten Naturgebieten im Bodenseeraum zählt. Ein weiterer Weg führt steil hinauf zum Hödinger Berg, von dem aus man einen herrlichen Ausblick auf den See und bei klarem Wetter auch auf ein einmaliges Alpenpanorama genießen kann.

Wegbeschreibung

Beliebig nach Hödingen. Von der Ortsmitte über die Dreilindenstraße in nördlicher Richtung zum Länglehof bzw. zu den Parkmöglichkeiten beim Wasserreservoir (mit der Aufschrift 1955). In Sichtweite von hier liegt das Naturdenkmal „Drei Linden". Den Weg in südlicher Richtung am Waldrand entlang nehmen. Der gesamte Rundweg hat eine Länge von ungefähr zweieinhalb Kilometer. Nach wenigen Schritten hat man bereits beim Blick nach links eine schöne Sicht auf den Kirchturm von Aufkirch und den Überlinger See. Auf der rechten Seite sieht man im Wald ganz deutlich die Erhebung eines Hügelgrabes. Die erste Kreuzung überqueren und weitergehen bis zu der Stelle, an der bei einer markanten Eiche zwei Wege rechts ab in den Wald führen. Den linken der beiden Wege in Richtung der Gemarkung „Haslen 2" nehmen. Ungefähr 800 Meter geradeaus bis zu einer Kreuzung. Diese überqueren und nach weiteren hundert Metern ist der Kraftort erreicht.

Überlingen: Maria im Stein bei Lippertsreute

Die Trösterin der Betrübten aufsuchen

Maria im Stein ist ein alter Wallfahrtsort im Aachtal. Über die Jahrmillionen hinweg hat hier das Flüsschen Aach einen tiefen Tobel geschaffen und Höhlen im weichen Molassesandstein hinterlassen. Die Aach, genauer gesagt die Linzer Aach, ist um die 50 Kilometer lang und fließt in den Bodensee. Der Tobel ist ein ganz besonders reizvolles Naturschutzgebiet. Durch seine geschützte und schwer zugängliche Lage ist er ein Biotop für seltene Pflanzen geblieben. Insbesondere im Frühling, wenn die Märzenbecher blühen, ist das Bachufer von unzähligen weißen Blüten der seltenen und geschützten Pflanze übersät. Ein Naturereignis ganz in Weiß!

Die Wallfahrtskapelle ist angelehnt an eine steile Felswand. Die Wallfahrt nach „Maria im Stein" zur „Trösterin der Betrübten" ist schon für das Jahr 1550 schriftlich nachgewiesen. Eine Vielzahl von Votivtafeln an der rückwärtigen Felswand zeugen vom Glauben der

▼ *Votivtafeln als Ausdruck gläubiger Dankbarkeit*

Wallfahrer an die Fürsprache durch die Gottesmutter und bezeugen die Dankbarkeit für vollbrachte Wunder.

▲ *Der Wallfahrtsort Maria im Stein*

Die Ursprungslegende für den Wallfahrtsort erzählt von einem Ritter von Bodman, der einst ins Heilige Land gezogen war und auf seiner Reise in Gefangenschaft geraten ist. Seine Feinde hätten ihn freigelassen unter der Bedingung, dass er seinen Glauben verleugnet. Obwohl seine Sehnsucht nach der Heimat und nach seiner Familie groß war, konnte ihn nichts dazu bewegen, von seinem Glauben abzufallen. In seiner Not nahm er Zuflucht zur Gottesmutter, der Trösterin der Betrübten, und gelobte, sollte er jemals wieder aus der Gefangenschaft zurückkehren, an dem Ort eine Kapelle zu erbauen, an dem er erstmals seine Heimat wiedersehen würde. Wie durch ein Wunder gelang es ihm in der darauffolgenden Nacht zu entkommen. Nach langer Wanderschaft legte er sich eines Abends nieder und erblickte am nächsten Morgen beim Aufwachen seine heimatliche Burg. Voll Dankbarkeit erfüllte er sein Versprechen und erbaute die Wallfahrtsstätte.

Wahrscheinlich reichen die Ursprünge von Maria im Stein bis in die vorchristliche Zeit zurück. Naturheiligtümer dienten schon unseren heidnischen Vorfahren als Kultplätze. Hier im Aachtobel gibt es nicht nur eine Höhle, sondern auch eine Quelle, an der bis zum heutigen Tag die Menschen Wasser entnehmen. In Flaschen und Kanistern holen sie das Wasser und tragen es über eine große Strecke zu ihren Autos, weil der Marienort und die Quelle nur zu Fuß zu erreichen sind. Fast überall im Bodenseegebiet kommt gutes Trinkwasser aus jedem heimischen Wasserhahn. Es gibt also keinen zwingenden und bei unseren moderaten Wasserpreisen schon gar keinen ökonomischen Grund, das Wasser mühsam hier draußen an der Quelle zu zapfen – es sei denn, man schreibt dem Wasser auch heute noch besondere und

▲ *Märzenbecherblüte an der Aach*

heilende Wirkung zu. Dieser Glaube an die heilsame Kraft des Wassers ist uralt und hat sich bis heute erhalten. Den Menschen der Vorzeit galten Quellen als besonders verehrungswürdig und heilig. Das Wasser, das ohne ihr Zutun aus der Erde hervorsprudelte, erschien ihnen wie ein besonderes Geschenk der Mutter Erde. Sie schrieben ihm göttliche Kräfte zu und verehrten die Quellen als Wohnort der Götter. Viele unserer heutigen Wallfahrtsorte gehen auf die Tradition des alten Quellkultes zurück. Unter manch einem Altar hat sich bis heute ein Quellbecken erhalten (so zum Beispiel in Mariabrunn/Eriskirch).

Vielleicht wirkt Maria im Stein deswegen als ein so außerordentlicher Kraftort, weil sich hier zwei machtvolle Kultobjekte auf engstem Raum finden: eine Höhle und eine Quelle. Der geballten Kraft, dem Zauber des Kraftortes kann man sich nicht entziehen. Warum sollte man hier nicht ganz konkret Wasser schöpfen und mit dem Wasser auch gleichzeitig so etwas wie Hoffnung und Zuversicht? Warum sollte man nicht aus dieser Quelle trinken und sich stärken, den Durst löschen und Kraft tanken?

Wer diesen geheimnisvollen Ort im Aachtobel aufsucht, wird schnell dessen Besonderheit spüren. Es ist ein idyllischer Ort, versteckt inmitten einer reizvollen, vor Jahrmillionen entstandenen Tobellandschaft. Es ist ein ruhiger Ort, ein magischer Ort, ein Kraftort.

In der Umgebung

In der Ortschaft Hohenbodman steht die wahrscheinlich älteste Linde Deutschlands. Es ist eine Sommerlinde, deren Alter auf 800 bis 1000 Jahre geschätzt wird. Sie ist ungefähr 30 Meter hoch und hat einen Stammumfang von über zehn Metern.

Ein Abstecher lohnt sich auch zum Aussichtsturm von Hohenbodman, der an den Wochenenden geöffnet ist. Eine steile Wendeltreppe mit 138 Stufen führt zu einer Aussichtsplattform hinauf. Von dort oben kann man – insbesondere bei klarer Wetterlage – einen herrlichen Blick in den Linzgau bis zum Bodensee und in die Alpen genießen.

Wegbeschreibung

Von drei Seiten ist der Wallfahrtsort über schöne und mehr oder weniger beschwerliche Wanderwege zu erreichen. Am kürzesten ist der Weg von den Steinhöfen aus. Vom Wanderparkplatz direkt bei den Steinhöfen/Bruckfelden geht es zunächst über viele steile, sorgfältig gepflasterte Stufen hinunter. Dann windet sich der schmale Weg entlang der Molassefelswand circa 200 Meter durch den Wald. Kurz vor der Kapelle treffen wir auf einen schmalen Weg, der zum Aachufer hinunterführt und an dem in Sichtweite von hier oben die Quelle liegt. Wer mehr Zeit und Lust mitbringt zum Wandern, kann eine anspruchsvolle, circa zweistündige Wanderung durch den malerischen und an manchen Stellen wildromantischen und steilen Aachtobel bis hinauf zur Ortschaft Hohenbodman anschließen.

Umgekehrt kann man den Weg nach Maria im Stein auch von Hohenbodman aus starten.

Vom Ortsausgang Bruckfelden (Parkmöglichkeit) führt ein weiterer, kurzer und schöner Spazierweg einen Kilometer entlang der Aach nach „Maria im Stein". Der Weg beginnt zunächst eben, führt dann am Waldrand über eine kleine Brücke und auf einem schönen Pfad an der Aach entlang. Erst die letzten wenigen Meter zur Quelle und zum Heiligtum hinauf sind steiler und etwas anstrengend.

Auf dem Wanderweg durch den Aachtobel ▸

Überlingen: Siechenkapelle bei Deisendorf

Von Opfergaben und Opfergängen

Die Ortschaft Deisendorf liegt abseits der Durchgangsstraße von Salem nach Überlingen, eingebettet in eine sanfte Hügellandschaft. Bereits im Jahr 972 wird Deisendorf erstmals schriftlich erwähnt und kann somit stolz auf eine über 1000-jährige Ortsgeschichte verweisen. Einst führte über 300 Jahre lang die legendäre Postlinie von Wien nach Paris geradewegs durch Deisendorf. An dieser ehemaligen Poststraße, circa 200 Meter außerhalb der Ortschaft, steht eine kleine offene Flurkapelle. Es ist die sagenumwobene Deisendorfer Siechenkapelle. Sie

▾ *Die Siechenkapelle bei Deisendorf*

wird malerisch eingerahmt von drei mächtigen Linden. Diese Bäume wurden im sogenannten Dreikaiserjahr von 1888 gepflanzt. In jenem Jahr starb Kaiser Wilhelm I. im 91. Lebensjahr. Ihm folgte sein damals bereits 57-jähriger Sohn Friedrich III. als Kaiser. Nach nur 99 Tagen in seinem Amt erlag Friedrich einem Krebsleiden. Daraufhin wurde sein 29-jähriger Sohn Wilhelm II. der neue deutsche Kaiser.

▲ *Die geheimnisvollen Spuren im Steinquader des Eingangsbereiches*

Siechenkapellen haben ihren Ursprung in den Zeiten der Pest. Der Begriff „Siechtum" wurde zunächst zur Bezeichnung des Zustands von Aussätzigen verwendet. Etymologisch ist „siech", das mit dem englischen „sick" für „krank" fast lautgleich ist, verwandt mit „Seuche" und „Sucht". Eine der verheerendsten Seuchen des Mittelalters war die Pest, an der etwa 25 Millionen Menschen starben. Um den Schrecken dieser hoch ansteckenden Krankheit zum Ausdruck zu bringen, wurde die Pest von späteren Chronisten dann auch als der „Schwarze Tod" bezeichnet. Auch im Bodenseegebiet wütete sie, worauf noch heute eine Pestsäule bei Salem hinweist und eben auch die Siechenkapelle bei Deisendorf.

Siechenkapellen sind im süddeutschen Raum, in Vorarlberg, der Schweiz und im Elsass weit verbreitet. Mancherorts werden sie auch als „Eißenkapelle" bezeichnet, weil das Wort „Eißen" im Dialekt für Furunkel steht und besonders Menschen mit solchen Hautleiden in der Hoffnung auf Heilung zu diesen Kapellen pilgerten. Die Bezeichnung „Besenkapelle" entstand vor dem Hintergrund eines uralten Brauches, der wahrscheinlich bis in die Pestzeiten zurückgeht. Um von der Pest und später dann von allen möglichen Hautkrankheiten geheilt zu werden, brachten die Menschen symbolisch einen Besen als Opfergabe zur Kapelle, durch den die Erkrankung abgestreift und wegge-

▲ *Auf schönen Radwegen zur Deisendorfer Kapelle*

fegt werden sollte. Das magische Denken hinter diesem Tun wurde noch dadurch unterstrichen, dass der Pilger den Opfergang heimlich und unbeobachtet vollziehen sollte. Die Bevölkerung hielt an diesem Brauch noch bis ins letzte Jahrhundert fest. In Deisendorf hat er sich nachweislich bis Ende der fünfziger Jahre gehalten.

Heute findet man bei der Deisendorfer Siechenkapelle keine Besen mehr. Dem Besucher dieses zauberhaften Ortes fällt aber der längliche Sandstein auf der linken Eingangsseite auf. Ober- und unterhalb des Weihwasserbeckens sieht man seltsame runde und eckige Spuren. Wahrscheinlich wurde hier einst vom „heiligen Stein" mit den Opferbesen Sandstaub abgerieben und nach dem Ritual mit nach Hause genommen. Abergläubische Menschen waren der Meinung, dass Krankheiten von Mensch und Tier geheilt werden können, wenn so gewonnener Staub ins Essen bzw. unter das Tierfutter gemengt wird.

Eine Bank beim Kapellchen lädt zum Verweilen und Nachdenken ein: Ob über Glaube und Aberglaube oder Gott und die Welt, bleibt jedem Besucher überlassen. Dieser Kraftort ist ein idealer Platz, um über die eigenen täglichen kleinen Ängste und Nöte nachzudenken. Die lange Geschichte des Ortes zeigt, dass sich hier schon viele erhofften, sie könnten ihre Sorgen einfach alle wegfegen. Wenn das nur so einfach wäre! Aber es liegt doch etwas Tröstliches in der Vorstellung, dass wir zumindest gedanklich jederzeit den angesammelten mentalen Unrat aus unserem Denken wegfegen können. Nach einem solchen mentalen Reinigungsritual fühlt man sich gleich leichter und beschwingter. So kann der Boden für Neues bereitet werden, neuer Raum für neue Ideen kann entstehen. Der stille Kraftort bei der Siechenkapelle wurde schon immer von den Menschen für Reinigungsrituale genutzt und eignet sich nach wie vor bestens zum mutigen Ausprobieren solcher Gedankenspiele.

▼ *Der Nellenfurter Weiher nahe der Ortschaft Oberuhldingen*

In der Umgebung

Eine sehr schöne Radtour führt von Oberuhldingen nach Deisendorf. Sie führt durch den weitläufigen Mauracher Wald, vorbei an drei malerischen Weihern. Besonders zur Zeit der Seerosenblüte bietet ein Abstecher zum Nellenfurter Weiher schon für sich genommen eine botanische Augenweide. Zu Fuß ist ein ganz kurzer Spaziergang von Rengoldshausen über den Alten Postweg ebenso zu empfehlen wie die zwölf Kilometer lange Tour von Überlingen aus.

Um Deisendorf herum kann man immer wieder Störche beobachten. Die meisten stammen vom nahen Affenberg in Salem-Mendlishausen, einem Freizeitpark, in dem Berberaffen gehalten werden und auch eine Aufzuchtstation für Störche eingerichtet wurde (geöffnet von Mitte März bis Ende Oktober).

Wegbeschreibung

Variante A: Deisendorf liegt an der Landstraße zwischen Salem und Überlingen (Überlinger Straße L 200a). Auf halbem Weg zweigt die Straße nach Deisendorf ab. Durch die Ortschaft in Richtung „Alte Poststraße". Das Auto am Straßenrand abstellen und zu Fuß der Beschilderung circa 200 Meter folgen.

Variante B: Beliebig nach Oberuhldingen. Am Ortseingang von der B 31 kommend in Richtung „Affenberg" fahren. Nach wenigen Metern gibt es nach der Bahnunterführung am Wasserwerk einige Parkplätze. Von dort führt der Weg (für Autoverkehr gesperrt) bis zur circa fünf Kilometer entfernten Siechenkapelle. Zuerst steht „Deisendorf" angeschrieben, später dann auch „Siechenkapelle".

Die Wallfahrtskirche Birnau ▸

Uhldingen-Mühlhofen: Birnau

Barockjuwel zwischen Himmel und Erde

Bei einer Fahrt auf der Bundesstraße von Meersburg nach Überlingen kann man die Wallfahrtskirche Birnau auf halbem Weg und auf der linken Seite über dem steilen Bodenseeufer nicht übersehen. Die Barockkirche wurde im 18. Jahrhundert von Salemer Äbten als Ersatz für die kleine Wallfahrtskapelle Altbirnau – nur wenige Kilometer westlich vom heutigen Standort der Kirche entfernt – in Auftrag gegeben. In Altbirnau betreuten die Zisterziensermönche der Abtei von Salem seit dem 14. Jahrhundert die Marienwallfahrtsstätte. Der Pilgerstrom zum wundertätigen Gnadenbild von Altbirnau war aber unaufhörlich gewachsen, die Kapelle schließlich viel zu klein geworden. Außerdem wurde das Kapellchen von den Zisterziensern zwar betreut, die Wallfahrtseinnahmen kassierte aber die Reichsstadt Überlingen. Die Auseinandersetzungen mit den Überlingern nahmen stetig zu, so dass der Salemer Abt schließlich beschloss, die Kapelle abzureißen und nach einem neuen Wallfahrtsort auf Salemer Gebiet zu suchen. Er wählte das steile Geländeplateau direkt am Bodensee oberhalb von Maurach inmitten der klostereigenen Weinberge und beauftragte berühmte Künstler der damaligen Zeit mit dem Bau der neuen Kirche. In nur drei Jahren Bauzeit (von 1747 bis 1750) schufen der Baumeister Peter Thumb, der Maler Gottfried Bernhard Göz und der Stukkateur Joseph Anton Feuchtmayer die Kirche, die als die schönste Barockkirche am Bodensee gilt. Nur ungefähr 50 Jahre lang wurde die neue Kirche genutzt, bevor sie im Zuge der Säkularisation geschlossen werden musste. Über hundert Jahre lang war das „Barockjuwel" Lagerhalle, bis schließlich 1919 die Abtei Wettingen-Mehrerau bei Bregenz das Gebäude zurückkaufen und wieder seiner Bestimmung als Kirche zuführen konnte.

Vom Vorplatz der Kirche aus hat der Besucher einen grandiosen Ausblick auf den Teil des Bodensees, der „Überlinger See" genannt wird. In Richtung Osten sieht man am diesseitigen Ufer die kleine Ort-

▲ *Blick von der Birnau über Schloss Maurach bis zu den Alpen*

schaft Seefelden mit ihrem markanten Kirchturm (siehe Kraftort 28 „St. Martin") und der Uferpromenade, die sich – gekennzeichnet durch ihre hohen Pappeln – weit in den See hinausschiebt. Direkt unterhalb der Birnau liegt die große barocke Anlage von Schloss Maurach. Die Bezeichnung als „Schloss" ist irreführend, weil es sich hier um ehemalige Wirtschaftsgebäude des Klosters von Salem handelt. Im Jahr 1155, also 21 Jahre nach der Gründung von Kloster Salem, kauften die Mönche den ersten Gutshof in Maurach. Als *villa inferior* ging der Kauf in die Grundbücher ein, was so viel bedeutet wie „Niederhof" im Gegensatz zur *villa superior*, dem noch heute als Gaststätte genutzten „Oberhof". Hundert Jahre später gehörten bereits 22 solcher Gutshöfe (auch Grangien genannt) zum Kloster. Auf den Gutshöfen lebte das Personal (Laienbrüder und Gesinde), das die Ländereien des Klosters bewirtschaftete. Ackerbau und Viehzucht, Wein- und Obstanbau, Forst- und Teichwirtschaft gehörten zu den Aufgaben. Viele der landwirtschaftlichen Produkte wurden in klostereigenen Betrieben weiterverarbeitet und verkauft. Maurach war wegen seiner Lage am

See und der dortigen Schiffsanlegestelle einer der wichtigsten Gutshöfe des Klosters. Von hier aus hatte man eine wertvolle Verbindung über den Bodensee zu den großen Handelsstädten der damaligen Zeit. Auch die jährliche Reise des Salemer Abtes zum Generalkapitel im französischen Cîteaux begann in Maurach. Von hier führte ihn sein Weg über den See nach Konstanz und dann den Hochrhein entlang bis nach Burgund. Anfang des 18. Jahrhunderts wurde der Gutshof von Maurach ausgebaut und erhielt sein heutiges schlossartiges Erscheinungsbild. Etliche Salemer Äbte nutzten jetzt das schöne Gebäude als Sommerresidenz. Nach der Säkularisation des Klosters von 1804 kam Schloss Maurach an das Haus Baden. Heute ist es wieder im Besitz der Zisterzienserabtei Wettingen-Mehrerau bei Bregenz und ist seit den 1990er Jahren als Tagungsstätte an eine Bank verpachtet.

Wer vor der Birnau steht und die herrliche Aussicht auf den See genießt, wird unweigerlich von diesem Gesamtkunstwerk aus Natur und Kultur in seinen Bann gezogen. Man begreift, warum Menschen ihre Heiligtümer bevorzugt an exponierter Stelle errichteten. Von hier oben ist nicht nur die Aussicht überwältigend. Der Ort vermag auch ganz schnell ein Wohlgefühl zu erzeugen. Man ist beeindruckt von der grandiosen Schönheit der Natur ringsum und meint, wenn man auf den See hinunterblickt, für einen angenehmen Augenblick über den alltäglichen Dingen zu stehen, abgehoben zu sein vom sonst eher grauen Alltag da unten. Hier oben ist man dem Himmel ein Stückchen näher. Die fast atemberaubende Pracht und Fülle der Landschaft spiegelt sich auch im Inneren der Kirche. Auch wenn es sehr verführerisch erscheint, das Auto zu einer Besichtigung auf dem großen Parkplatz direkt bei der Kirche abzustellen, sollte man sich doch auch für diesen besonderen Ort Zeit nehmen und sich ihm sehr gemächlich nähern. Ganz besonders reizvoll ist eine kleine Wanderung entweder von Überlingen-Nußdorf oder von Unteruhldingen-Seefelden aus – immer am See entlang (jeweils circa anderthalb Kilometer). Durch den Weinberg direkt unterhalb der Birnau führen viele schmale Stufen steil hinauf zur Kirche – ein Gefühl, als würde man eine „Himmelsleiter" erklimmen! Genauso wird auch dieser Weg bereits auf die frühen Pilger gewirkt haben. Und nicht zuletzt leitet sich der Name „Birnau" nicht etwa aus den hier überall wachsenden Birnbäumen ab, sondern wahrschein-

▲ *Die „Himmelsleiter" hinauf zur Wallfahrtskirche*

lich von der uralten Pilgerkapelle. Es gibt eine Urkunde aus dem Jahr 883, in der von einer Kapelle *ad pirningas* – „für Pilger" – die Rede ist. Wahrscheinlich handelt es sich dabei um die Kapelle Altbirnau, der Vorgängerkirche der heutigen Birnau.

Joseph Anton Feuchtmayer hat übrigens eine repräsentative Treppenanlage geplant, die die Birnau mit dem direkt darunterliegenden Schloss Maurach verbinden sollte. Die Pläne wurden nie realisiert. Sie liegen im Karlsruher Generallandesarchiv. Nutzen wir also das, was wir vorfinden, und gehen besonnen die schmale bescheidene „Himmelsleiter" hinauf, wohl wissend, dass uns oben nicht nur eine traumhaft schöne Aussicht erwartet, sondern obendrein ein ebenso schöner Kirchenraum zum Staunen, Ausruhen und/oder Beten einlädt.

In der Umgebung

Die Birnau ist das Meisterwerk des Rokokokünstlers Joseph Anton Feuchtmayer. Die gesamte Innenarchitektur, alle Altäre und Stuckarbeiten stammen aus seiner Hand. Wer mehr über diesen genialen Bildhauer und Stuckateur erfahren möchte, sollte im nahen Mimmenhausen das Feuchtmayer-Museum besuchen, das in seinem ehemaligen Wohnhaus aus dem 18. Jahrhundert eingerichtet wurde. Man erfährt dort Interessantes über sein Leben und Schaffen. Man erhält einen Einblick in seine Werkstatt und erfährt, unter welchen Bedingungen der Meister arbeitete und wie seine genialen Stuckfiguren entstanden sind.

Wegbeschreibung

Die Birnau liegt zwischen den Ortschaften Meersburg und Überlingen an der B 31 und ist ausgeschildert. Auch die Ausfahrten nach Uhldingen-Mühlhofen/Seefelden und Überlingen/Nußdorf sind ausgeschildert. Wer den oben beschriebenen Fußweg zur Birnau nehmen will, wird sowohl die Parkmöglichkeiten als auch den Weg leicht finden.

Nach Mimmenhausen zweigt man von der B 31 in Richtung Salem ab. In der Ortsmitte von Mimmenhausen biegt man von der Bodenseestraße in die Feuchtmayerstraße ein. Das letzte Haus in dieser Straße ist das Feuchtmayer-Museum.

Uhldingen-Mühlhofen: St. Martin in Seefelden

Im Zauberkreis des alten Kultsteins

Seefelden ist ein Weiler, der zur Gemeinde Uhldingen-Mühlhofen gehört. Die kleine Ortschaft liegt malerisch am Seeufer. Zu ihr gehören eine alte Kirche, ein Pfarrhaus, ein Bauernhof und ein paar Wohnhäuser. Fährt man auf der Bundesstraße B 31 von Überlingen in Richtung Friedrichshafen, dann fällt der schlichte alte Kirchturm des Weilers am See ins Auge. Er scheint den Weg nach Seefelden für alle Interessierten zu weisen. Der Kirchturm ist auch der nachweislich älteste Teil des Kirchengebäudes. Er stammt aus dem 12. Jahrhundert, während das Kirchenschiff um 1700 datiert wird. In der Laibung eines Turmfensters kann man eine Schwurhand entdecken. Sie steht vielleicht als ein Zeichen für Gott oder markiert möglicherweise eine alte Gerichtsstätte. Die Kirche ist dem Heiligen Martin geweiht. Die Legende vom Heiligen Martin, der im 4. Jahrhundert als römischer Gardeoffizier in Amiens stationiert gewesen sein soll, besagt, er habe seinen Militärmantel mit einem frierenden Bettler geteilt. Der Heilige Martin wurde im gesamten christlichen Abendland sehr populär. Viele frühe Kirchen wurden ihm zu Ehren erbaut. Vermutlich reichen aber die Wurzeln der Martins-

▼ *Blick auf die Kirche St. Martin von Seefelden*

verehrung viel weiter zurück. Manches spricht dafür, dass das Martinspatrozinium seinen Vorläufer bei den Kelten hat.

Die Kelten kannten nicht einen Gott, sondern verehrten eine Vielzahl verschiedener Götter. Neben solchen, die nur regional oder für einen einzelnen Keltenstamm von Bedeutung waren, gab es auch Götter, die von allen Kelten verehrt wurden. Der wichtigste aller Keltengötter war Teutates, der Gott der Kriege und der Künste. Der Widder, das Pferd, der Eber und der Greif galten als seine Begleittiere. Ein Widder, ein Widderkopf oder auch nur die Hörner des Tieres standen stellvertretend für Teutates. In der Kunst wurde die Spiralform des Gehörns als Symbol für den Hauptgott der Kelten kreiert. Ihm wurden Opfer gebracht, auch Menschenopfer.

Weil die Römer nach ihrer Eroberung Galliens meinten, im keltischen Teutates ihren eigenen Kriegsgott Mars zu erkennen, wurden Orte der bisherigen Teutates-Verehrung in solche der Mars-Verehrung umgewandelt. Aus dem keltischen Teutates wurde der römische Mars. Noch heute erinnert uns der Monat „März" an diesen Gott und auch das Wort *martialisch* für *kriegerisch* verweist auf diese Wurzeln.

Schließlich mussten sich auch die Römer wieder aus den besetzten Gebieten zurückziehen und sich den nachrückenden Franken geschlagen geben. Der Frankenkönig Chlodwig, der aus der Dynastie der Merowinger stammte und von 466 bis 511 lebte, bekannte sich als erster germanischer Herrscher zum Christentum. Vermutlich hatte sich bis zu diesem Zeitpunkt vor dem Hintergrund der römischen Mars-Verehrung die Legende um den christlichen Soldat Martin entwickelt.

König Chlodwig erhob Martin zum Nationalheiligen und Schutzherrn der fränkischen Könige. Es heißt, dass diese den Mantel des Heiligen seither in Schlachten mit sich führten. Bei den Franken wurde der Soldatenmantel zu einem Teil der Uniform. Sie bezeichneten ihn als *cappa*. Das Gebäude, in dem die Mäntel aufbewahrt wurden, erhielt als Bezeichnung den Diminutiv *cappella*. Unser heutiges Wort *Kapelle* für eine kleine Kirche bzw. den Anbau an eine Kirche geht ebenso auf diese Wurzeln zurück wie die Bezeichnung *Kaplan* für einen Geistlichen.

Der geheimnisvolle Stein an der Friedhofsmauer ▸

▲ *Totenkopf aus Sandstein in der Friedhofsmauer*

Die alte Kirche von Seefelden verweist also auf eine lange Geschichte, die wahrscheinlich bis weit in die vorchristliche Zeit zurückreicht. Vermutlich wurde sie an einem uralten Kultplatz errichtet, worauf auch der große Stein, der an der Friedhofsmauer vor der Kirche steht, ein Hinweis sein könnte. Mannshoch, breit und wuchtig ist der vergessene Stein, der an einen Menhir erinnert, ein schweigender Zeuge aus der Vergangenheit. Die Bezeichnung „Menhir" kommt aus dem Bretonischen und bedeutet „Langer Stein". In der Bretagne gibt es eine Vielzahl von Menhiren, die aus der Jungsteinzeit und der Bronzezeit stammen. Von Findlingen unterscheiden sie sich dadurch, dass sie bewusst vertikal aufgestellt und in der Erde verankert wurden. Vermutlich markierten diese besonderen Steine zu ihrer Zeit einen heiligen Ort. Vielleicht wurden sogar die Steine selbst von den Menschen jener Zeit als heilige Kultobjekte verehrt. Viele vorchristliche Kultstätten wurden in christlicher Zeit von der Kirche vereinnahmt. Manche Menhire wurden zum Kirchenbau verwendet, andere mit christlichen Symbolen versehen und auf diese Weise christianisiert. Nichts dergleichen geschah in Seefelden. Der stattliche Zeuge einer längst untergegangenen Epoche wurde an seinem angestammten Platz gelassen. Hier ruht er unverrückbar an der Friedhofsmauer und erinnert die heutigen Menschen an die lange Menschheitsgeschichte und die Vorfahren aus grauer Vorzeit.

Man sollte sich die Zeit nehmen und eine Rast auf der Bank beim Kultstein einlegen. Es ist ruhig hier. Obwohl der Ort ganz in Seenähe liegt, hat er sich seine schlichte Schönheit und seine erholsame Ruhe erhalten können. Kein Lärm lenkt ab, kein hässlicher Neubau stört das ländliche Idyll. Hier gibt es nur die alte Kirche und den noch älteren Kultstein an der Mauer. Eine alte Linde spendet an heißen Sommertagen ihren Schatten. Wunderbare Minuten der Stille und Besinnung sind an diesem uralten Kraftort vor der schlichten Kirche – aber auch im Inneren – möglich. Bei einem Spaziergang um die Kirche herum gibt es noch zwei interessante Entdeckungen zu machen. So kann man in der Friedhofsmauer (auf der Nordseite nahe der Laterne) einen Totenkopf aus Sandstein finden. Woher er kommt, wer ihn anfertigte und wer ihn in der Mauer unterbrachte, weiß niemand. Geht man einige Schritte weiter zum etwa 300 Jahre alten Fachwerkhaus, in dem heute eine Pension untergebracht ist, kann man rechts und links in den Holzbalken der Eingangstüre ein wunderschönes Spiralmuster sehen. Woher es kommt, wer es anfertigte, ob es irgendetwas mit dem alten Teutates zu tun hat, weiß niemand. Diese Details rund um die alte Martinskirche von Seefelden herum zu entdecken ist eine reizvolle Aufgabe für interessierte Besucherinnen und Besucher. Es sind auch genau diese besonderen und geheimnisvollen Details, die zum einzigartigen Charme und der einmaligen Ausstrahlung des Kraftortes Seefelden beitragen.

In der Umgebung

Die Barockkirche Birnau ist über einen schönen Wanderweg entlang des Sees in anderthalb Kilometer Entfernung von Seefelden aus zu erreichen. In der entgegengesetzten Richtung liegt – ebenfalls in anderthalb Kilometer Entfernung – das Pfahlbaumuseum Unteruhldingen. In einem einstündigen Rundgang kann man dort in originalgetreu eingerichteten Pfahlbauhäusern in die Stein- und Bronzezeit eintauchen. Das Leben der Bauern, Fischer und Bronzegießer vor 6000 bzw. vor 3000 Jahren wird anhand von nachgebildeten Szenen anschaulich dargestellt.

Wegbeschreibung

Seefelden liegt zwischen Meersburg und Überlingen. Bei Uhldingen-Mühlhofen die B 31 verlassen und der Beschilderung folgen. Parkplatzmöglichkeit beim Friedhof gegenüber der Kirche.

Wasserburg: Antoniusbergle bei Selmnau

Ein Weg zur Himmelspforte

Zwischen Wasserburg und Kressbronn liegt die kleine Ortschaft Selmnau. Auf einem Hügel über der Ortschaft, vermutlich an der Stelle eines vorchristlichen Bergheiligtums, steht die Antoniuskapelle, die 1492 erstmals schriftliche Erwähnung findet. Der Bau der Kapelle, wie wir sie heute sehen, fällt in die Zeit der Wasserburger Fuggerherrschaft. Das Allianzwappen der Grafen Fugger von Kirchberg und Weißenhorn zu Babenhausen über dem Kapellenportal trägt die Jahreszahl 1696. Die Kapelle ist dem Heiligen Antonius geweiht, dessen Patrozinium am 17. Januar gefeiert wird. In den nahegelegenen Ortschaften Selmnau und Hattnau gilt dieser Tag noch immer als regionaler Feiertag. Nach dem Festgottesdienst trifft man sich zum geselligen Zusammen-

▼ *Die Wallfahrtskapelle auf dem Antoniusbergle*

sein. Es gibt Gasthäuser, die aus diesem Grund extra die traditionelle Winterpause unterbrechen und Weingüter, die ein „Winterrädle" anbieten, etwas, das es sonst wahrscheinlich nirgendwo gibt. Rädlewirtschaften sind Wirtschaften, die in anderen Weinbauregionen „Besen-", „Straußen-" oder „Buschenwirtschaften" heißen. Ihren Ursprung haben diese Wirtschaften in einem Erlass von Karl dem Großen aus dem Jahr 791. Er ordnete an, dass die Bauern ihren Wein direkt auf dem Hof an Durstige verkaufen durften. Ein solcher Hofausschank sollte mit einem Kranz aus Tannenreisig oder Stroh gekennzeichnet werden. Diese Tradition hat sich bis heute erhalten, wenn auch aus dem Kranz mittlerweile fast überall ein Besen geworden ist.

▲ *Die Eingangspforte ins barocke Innere*

Eine Wanderung zur Antoniuskapelle hinauf ist besonders im Frühling ganz zauberhaft, wenn die zahlreichen Obstbäume auf dem Berg und in den Obstanlagen am Fuße des Berges blühen. Man kann dann leicht nachvollziehen, wie die Zeilen aus dem Kapellenlied entstanden sind, die da lauten: „Lasst uns ziehen zur Kapelle überm See an prächt'ger Stelle!" Man muss sich diesem prächtigen Ort zu Fuß nähern. Von unten kommend, von Wasserburg, Hattnau oder Selmnau aus, liegt das Kirchlein gut sichtbar als Ziel vor den Augen. Ein bisschen anstrengend ist der zuletzt recht steile Weg hinauf zum Kraftort. Obwohl zum Schluss noch einige Stufen direkt zur Eingangspforte führen, zieht fast jeden Besucher zunächst einmal der grandiose Ausblick hinunter auf den See und hinaus in die Landschaft in ihren Bann. Man kann sich nicht satt sehen an der Pracht, die sich von hier oben auftut. Man sieht den Pfänder, das nahe Schweizer Voralpenland, die

▲ *Aussichtsterrasse vor der Kapelle*

verschneiten Alpengipfel und fast den ganzen See. Eine Panoramatafel hilft bei der geografischen Orientierung. Kein Wunder, dass dieser Kraftort ein Anziehungspunkt für viele ist. Wer allein sein möchte, braucht sich aber nur wenige Meter abseits des Aussichtsplateaus hinter die Kapelle zu begeben und findet dort in den Wiesen unter den Obstbäumen ein ebenso aussichtsreiches wie ruhiges und gemütliches Fleckchen.

Nach dem herrlichen Ausblick in die Natur ist man schnell einverstanden mit der Inschrift über dem einladenden Eingangsportal der Kapelle, die in lateinischer Sprache ankündigt, dass dies hier ein Gotteshaus und eine Pforte zum Himmel sei:

Hic domus dei et porta coeli

Das barocke Innere scheint die Leichtigkeit, Schönheit und Vielfalt der Natur draußen noch einmal aufzunehmen, spiegelt sie aber in diesem kleinen und überschaubaren Innenraum in erhabener Ruhe. Ein Gefühl von Geborgenheit, Aufgehobensein und Angenommensein in dieser unglaublich beeindruckenden und schönen Welt kann sich hier – nach all den Eindrücken draußen – einstellen. An diesem Ort hat sich der

Ausdruck „den Himmel auf Erden finden“ anscheinend aufs Schönste materialisiert. Kein Wunder, dass die Kapelle von zahlreichen Brautpaaren als Ort für ihre Trauung entdeckt worden ist.

In der Umgebung

Die Antoniuskapelle lässt sich sehr schön auf einem sechs Kilometer langen Rundwanderweg von Wasserburg aus erwandern. Über Hege und Hattnau führt der Weg hinauf nach Selmnau zum Antoniusberg. Von dort geht es über Hengnau und Winterberg zurück nach Wasserburg.

Wegbeschreibung

Selmnau liegt zwischen Wasserburg und Kressbronn; der Beschilderung folgen; Parkmöglichkeiten in der Ortschaft.

▼ *Frühlingspracht am Kapellenhügel*

Wasserburg: Horst-Wolfram-Geißler-Platz

Wo der See still glänzt

Die Ortschaft Wasserburg wird im Jahr 784 erstmals schriftlich in einer Urkunde aus dem Kloster St. Gallen erwähnt. Die Besiedlungsspuren reichen allerdings bis in vorgeschichtliche Zeiten zurück. Vermutlich schätzten die frühen Menschen die Insellage aus Verteidigungsgründen. Zur Halbinsel wurde Wasserburg erst im 18. Jahrhundert, als die Grafen Fugger der besseren Erreichbarkeit wegen einen Verbindungsdamm zur Insel aufschütteten.

Heute schiebt sich die Halbinsel weit in den See hinein und beeindruckt mit einer malerischen Kulisse, bestehend aus Kirche, Pfarrhof und Malhaus (einst Gerichtsgebäude, heute Museum). Die erste Kirche auf der kleinen Insel entstand bereits im 8. Jahrhundert. Ihr folgten etliche Nachfolgebauten bis hin zur heutigen Kirche, die in wesentlichen Teilen aus dem 18. Jahrhundert stammt und dem Heiligen Georg

▼ *Die Silhouette von Wasserburg begeistert stets aufs Neue*

geweiht ist. Im Inneren der Kirche erinnern drei Steintafeln an die letzten drei „Seegfrörnen", also dem Zufrieren des gesamten Sees, was 1573, 1830 und 1963 der Fall war.

Wie in früheren Zeiten üblich, ist um die Kirche herum der alte Friedhof angelegt. Eine dicke zinnenbesetzte Mauer umgibt den Friedhof und lässt immer wieder Raum für den Blick hinaus auf den See. Auf dem Friedhof hat der Ehrenbürger von Wasserburg, Horst Wolfram Geißler, seine letzte Ruhestätte gefunden. Geißler (1893–1983) lebte und starb in München. Sein ausdrücklicher Wunsch, in Wasserburg begraben zu werden, wurde ihm aber gern erfüllt, hat er doch in seinem Roman „Der liebe Augustin. Die Geschichte eines leichten Lebens" die Bodenseelandschaft, Wasserburg und das nahe Lindau auf das Schönste verewigt. Sein Grabmal mit hohem Giebeldach findet man gleich links neben dem Eingangstor. Es ist in die Friedhofsmauer integriert und genau vor der großen Friedenseiche von 1871 platziert. Die ausladenden Äste des alten Baumes hängen zum Teil schwer über dem Grabmonument und geben ihm einen malerisch-melancholischen Rahmen.

▲ *Grabmal von Horst Wolfram Geißler*

Vor dem Friedhof führt ein gepflasterter Weg in einem Bogen nach rechts zu einem kleinen, ruhigen und verborgenen Platz direkt am See. Der Horst-Wolfram-Geißler-Platz ist ebenfalls dem Ehrenbürger gewidmet. Hinter hohen Hecken und Büschen versteckt liegt hier ein ruhiger Kraftort voller Beschaulichkeit und einer fantastischen Aussicht auf den Bodensee und das gegenüberliegende Seeufer. Man sieht auf Lindau, die Rheinebene und die Alpen. Drei Bänke laden zum Verweilen ein und eine seeseitige Mauer umgrenzt und schützt dieses wunderbare Plätzchen. Hier ist man dem See ganz nah. Wie oft man auch herkommt, immer wieder überrascht er mit seinem unterschiedlichen Farbenspiel und seinen ureigensten Geräuschen. Mal glänzt er in sat-

▲ *Entlang der Friedhofsmauer zum Horst-Wolfram-Geißler-Platz*

tem Blau und plätschert ruhig vor sich hin, mal zeigt er sich wild schäumend, laut rauschend und aufgewühlt. Er ist nie langweilig, immer in Bewegung, immer sehenswert.

In der Umgebung

Im Wasserburger Museum „Malhaus“ kann man neben wechselnden Sonderausstellungen in der Dauerausstellung Dokumente zur Fischerei am See sehen sowie Ausgrabungsfunde aus der Vor- und Frühgeschichte. Daneben gibt es eine Dokumentation zum Leben und Schaffen des Schriftstellers Martin Walser, der in Wasserburg geboren wurde, sowie eine Dokumentation, die an den Ehrenbürger Horst Wolfram Geißler erinnert. Das Museum ist von April bis Oktober geöffnet.

Wegbeschreibung

Wasserburg liegt zwischen Lindau und Langenargen an der alten Bundesstraße; die Halbinsel und der Horst-Wolfram-Geißler-Platz sind ausgeschildert.

Anhang

Quellenangaben

Ade, Dorothee; Willmy, Andreas: *Die Kelten*, Stuttgart 2007

Ebert, Karlheinz: *Bodensee und Oberschwaben. Zwischen Donau und Alpen: Wege und Wunder im „Himmelreich des Barock“*, Köln 1981

Finke, Heinz; Vogel, Wolfram: *Dem See nah sein. Schlösser, Burgen, Landsitze rund um den Bodensee*, Konstanz 1991

Hasler, Norbert u. a. (Hg.): *Bevor die Römer kamen. Späte Kelten am Bodensee*, Frauenfeld 2008

Hauptmann, Arthur: *Burgen einst und jetzt. Burgen und Burgruinen in Südbaden und angrenzenden Gebieten*, Konstanz 1984

Landesdenkmalamt Stuttgart (Hg.): *Archäologische Denkmäler in Baden-Württemberg*, Stuttgart 2002

Möking, Bernhard: *Sagen und Schwänke vom Bodensee*, Konstanz 2003

Sichelschmidt, Gustav: *Allein mit meinem Zauberwort. Annette von Droste Hülshoff – eine Biographie*, Düsseldorf 1990

Troll, Anneros; Hald, Jürgen: *Zeitreisen am Bodensee. Von den Rentierjägern zu den Alemannen – faszinierende Landschaftsfotografie und Archäologie*, Steißlingen 2004

Zimmer, Stefan (Hg.): *Die Kelten. Mythos und Wirklichkeit*, Stuttgart 2009

Aus der Reihe »Kraftorte«

Kraftorte im Schwarzwald

Mit eindrucksvollen Landschaftsschilderungen zeigt BIRGIT-CATHRIN DUVAL neue und längst vergessene Pfade durch den Naturpark Schwarzwald Mitte/Nord und den neuen Nationalpark. Ihre anschaulichen Berichte machen die Urkräfte der Natur erlebbar und geben so neue Kraft und Stärke für den Alltag.

ISBN 978-3-88627-371-3

Kraftorte und Kraftwege

URSULA MAICHLE-SCHMITT führt zu Orten auf der Schwäbischen Alb und im Albvorland, die eine besondere Ausstrahlung besitzen. Es sind Orte und Wege, die für die Autorin persönlich zur Kraftquelle wurden und deren Anziehungskraft auf den Leser übergeht.

ISBN 978-3-88627-243-3